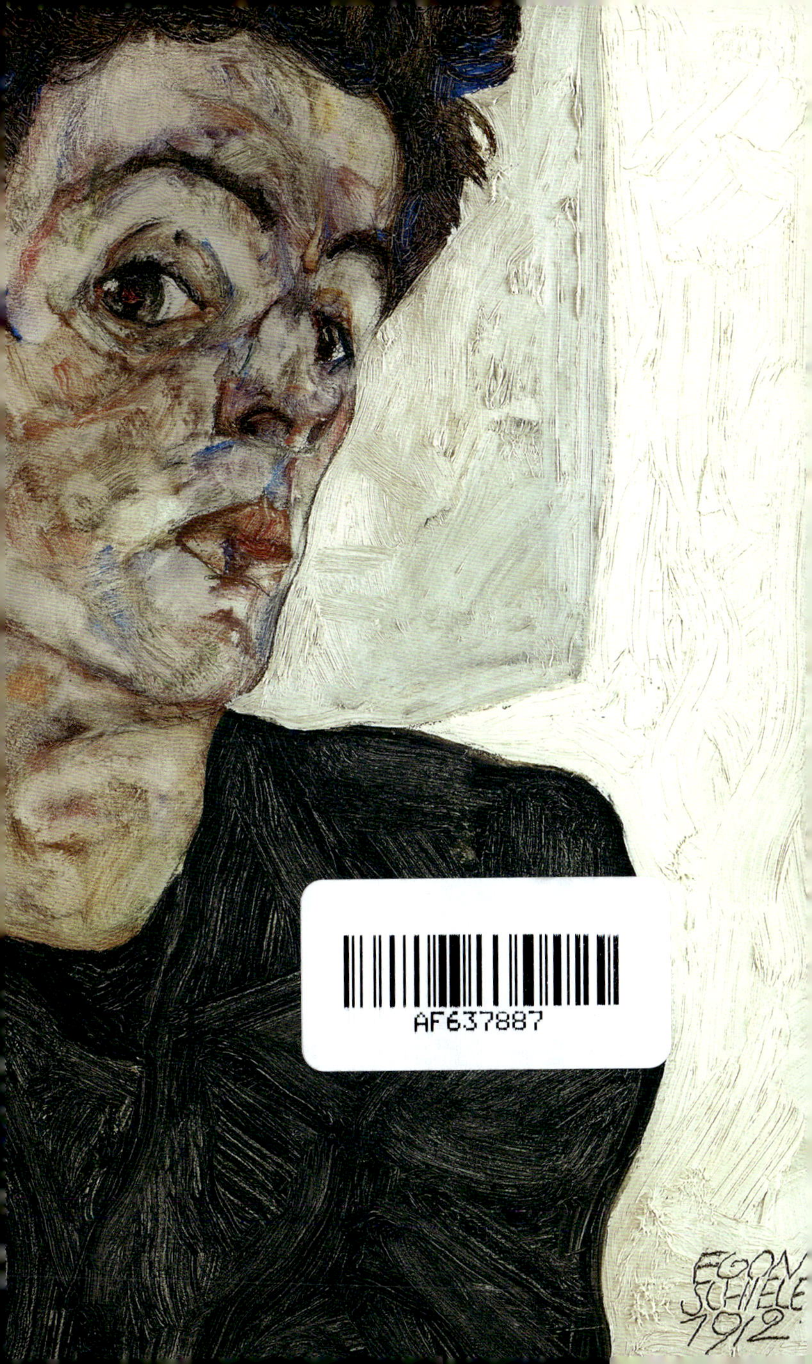
EGON
SCHIELE
1912

WIENAND^S KLEINE REIHE
DER KÜNSTLERBIOGRAFIEN

Martina Padberg

EGON SCHIELE

Wienand

Inhalt

Mein Wandelweg führt über Abgründe.

Egon Schiele, 1912

Mythos Schiele

Mit weit aufgerissenen, rot geschwollenen Augen und leicht geöffnetem Mund, die Stirn in Falten gelegt und halb entblößt zeigt sich Egon Schiele 1911 im Selbstbildnis. Unter dem hochgeschobenen Pullover leuchtet der Bauchnabel als ein Mal auf der blassen Haut. In ähnlicher Weise sind auch Ohren und Nase hervorgehoben. Wild stehen die Haare zu Berge, als hätte ein Stromschlag den Körper durchzuckt. Im Gegensatz zur bewegten Mimik wirkt die überstreckte

Selbstbildnis mit entblößtem Bauch, 1911, Bleistift und Aquarell auf Papier, 55,6 × 36,4 cm

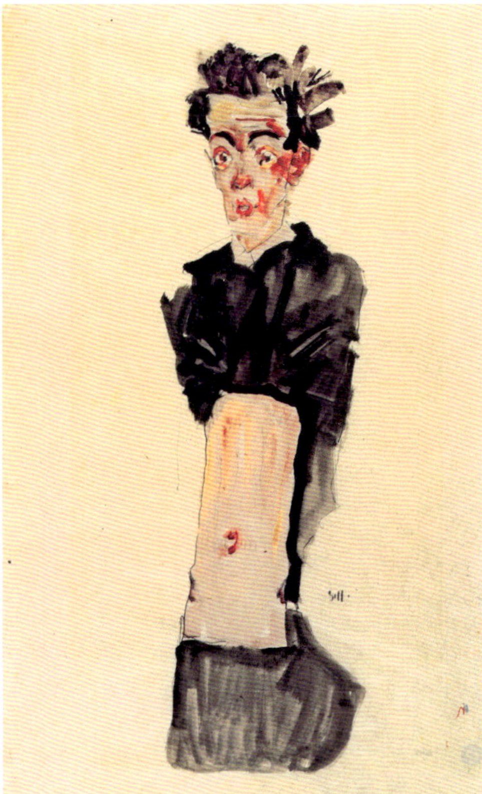

Figur wie ein Monolith. Dem Körper, abrupt unterhalb des Schritts abgeschnitten, fehlen die Arme und damit auch das, was für den Künstler das Wichtigste ist: die Zeichnerhand. Rührt daher dieser Gesichtsausdruck zwischen Erstaunen und Entsetzen? Wer war dieser Künstler, der sich selbst bloßgestellt und hilflos inszeniert?

Zu Lebzeiten gilt Egon Schiele als Exzentriker und Skandalkünstler. Seine unverwechselbare Bildsprache macht ihn schon früh berühmt, vor allem aber sein Blick auf den Menschen in seiner Nacktheit und Bedürftigkeit. Schonungslos im Umgang mit sich selbst und anderen, hemmungslos in seiner Lebensführung und kompromisslos in seiner Kunst – so wird er in der Wiener Kunstszene um 1912 wahrgenommen, und so sieht er sich auch selbst. In der vor Ausbruch des Ersten Weltkrieges langsam auf den Untergang zutaumelnden Hauptstadt der österreichisch-ungarischen Monarchie fängt Schiele die angespannte Atmosphäre, die innere Zerrissenheit seiner Zeit ein. Wien, die multikulturelle „Versuchsstation für den Weltuntergang" (Karl Kraus), bietet dem jungen Künstler zwischen Prater, Oper und Kaffeehaus jede Menge Anschauungsmöglichkeiten. Migrationsbewegungen aus allen Teilen des alten Habsburgerreichs bringen viele Menschen, vor allem aus dem Osten Europas, nach Wien, darunter auch Intellektuelle, Wissenschaftler und Künstler. Die Stadt, die sich um 1900 zu einer der Metropolen Europas entwickelt, oszilliert zwischen restaurativ-imperialem Pomp und Moderne.

Schriftsteller wie Robert Musil und Arthur Schnitzler beschreiben Neugier, Ekel, Scham und Angst als die wechselvollen Gefühlslagen einer Gesellschaft, in der Sexualität weiterhin tabuisiert ist, aber doch zunehmend freier gelebt wird. In der Wiener Berggasse entwickelt Sigmund Freud mit der Psychoanalyse ein Werkzeug zur Erschließung des Unbewussten und Verdrängten der menschlichen Seele. Der Physiker und Philosoph Ernst Mach zerlegt die menschliche Persönlichkeit in die Vielheit ihrer Empfindungen und stellt die Existenz eines autonomen „Ich" infrage. Bedrängnis und Vereinsamung,

> **Seine Kunst ist monologisch und in gewissem Betracht dämonisch. Manche seiner Bilder sind Materialisationen im verdunkelten Bewusstsein hell gewordener Erscheinungen.**
>
> Arthur Roessler über Egon Schiele, 1911

äußerer Druck und innere Heimatlosigkeit sind die verbindenden Erfahrungen der jungen Generation, der Schiele angehört und deren erschütterter Welt- und Selbstsicht er in seinen Menschenbildern und Selbstbildnissen Ausdruck verleiht.

Mit nur 28 Jahren stirbt Egon Schiele an der Spanischen Grippe, die 1918 in Europa wütet. Zurück bleibt ein ebenso verstörendes wie schönes Werk mit weit über 300 Gemälden, 2500 Aquarellen und Zeichnungen sowie einigen Druckgrafiken. Sein viel zu kurzes, aber intensives Leben verbindet sich in der Rückschau mit seinen erotisch aufgeladenen Arbeiten zu einer der ganz großen Künstlerlegenden des 20. Jahrhunderts.

In schwierigen Verhältnissen

DAS BAHNHOFSKIND

Die familiäre Situation, in die Egon Schiele am 12. Juni 1890 in Tulln, einer kleinen Provinzstadt in Niederösterreich, hineingeboren wird, ist alles andere als einfach. Seit drei Jahren bekleidet sein Vater, Adolf Eugen Schiele, dort die durchaus angesehene Stelle eines Bahnbetriebsamtsvorstandes. Mit seiner Frau Marie und den Töchtern Elvira (1883–1893) und Melanie (1886–1974) wohnt er im Bahnhofsgebäude, etwa zehn Minuten Fußweg vom Stadtzentrum entfernt. Schon dadurch lebt die Familie ohne direkte Nachbarschaft in einer gewissen Isolation. Der Vater, dem eine Reihe von Mitarbeitern untersteht, legt das professionelle wie auch das private Reglement fest. Er ist nicht nur Herr über den Bahnhof, sondern auch die dominierende Ordnungsmacht und Autorität in der Familie. Seine deutlich jüngere Frau hat seiner manchmal cholerisch-aufbrausenden Art wohl wenig entgegenzusetzen. Adolf Schiele, selbst Sohn eines überaus erfolgreichen, aber früh verstorbenen Architekten und Bahningenieurs, kann beruflich nicht an die beeindruckende Karriere seines Vaters heranreichen. Sein eigenes Fortkommen verläuft eher schleppend. Schon früh hatte er sich jedoch ein Mädchen aus wohlhabendem Haus zur Ehefrau gewählt: die damals erst 12-jährige Marie Sokoup aus Krumau in Südböhmen, deren Vater, ein am Bahnbau beteiligter Bauunternehmer, über beachtlichen Immobilienbesitz in

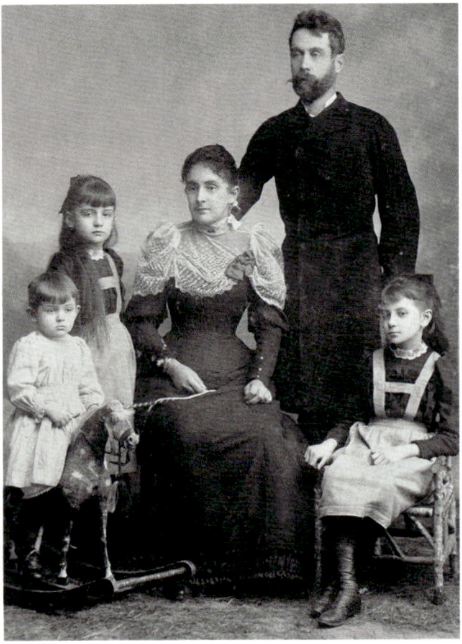

Adolf und Marie Schiele mit Egon, Melanie und Elvira, 1893

Wien verfügt. Nach fünfjähriger Wartezeit übergibt man die junge Frau dem damals 28-jährigen, gut aussehenden Mann in die Ehe.

TÖDLICHES VERMÄCHTNIS

Das Familienleben ist schon bald von Krankheits- und Todesfällen überschattet. Marie Schiele erleidet in den ersten Jahren ihrer Ehe mehrere Totgeburten, und auch die älteste Tochter Elvira stirbt im Alter von zehn Jahren an Hirnhautentzündung. Für die fatalen Schwangerschaften und auch für den Tod der Tochter ist die fortschreitende Syphiliserkrankung Adolfs verantwortlich, mit der er seine Frau angesteckt haben wird. Der Familienlegende zufolge hat er in der Hochzeitsnacht eine Prostituierte aufgesucht, nachdem seine unerfahrene Frau erschreckt auf die sexuellen Bedürfnisse und Ansprüche des Gatten reagierte. Dort soll er sich infiziert haben. Was für ein trauriges Licht wirft diese von der Familie kolportierte Geschichte auf die gerade erst geschlossene Ehe und auf das Geschlechterverhältnis der damaligen Zeit. In einer Gesellschaft, die von unverheirateten Frauen unbedingte Keuschheit verlangte, den Männern hingegen ein erotisches Doppelleben zubilligte, war dies durchaus eine mehrheitlich praktizierte Form männlich-patriarchalischer Sexualität.

Die sexuell übertragene, damals unheilbare Erkrankung lastet in den kommenden Jahren auf der Familie und nimmt immer erschreckendere Züge an. Je stärker der körperliche und geistige Verfall von Adolf Schiele sichtbar wird, desto mehr versucht sich die Familie in der Öffentlichkeit durch einen ausgeprägt herrschaftlichen Lebensstil mit kostspieligen Anschaffungen hervorzuheben. Die Eltern verkehren in Tulln nur mit wenigen wohlhabenden Geschäftsleuten, die Kinder werden von angeblich unpassenden Spielkameraden ferngehalten. Die ganze Aufmerksamkeit der Eltern konzentriert sich auf den 1890 geborenen Egon, ihren einzigen Sohn. Aus Sorge um seine Gesundheit und seine Entwicklung gesteht man ihm in der frühen Kindheit noch weniger Bewegungsfreiheit zu als seinen Schwestern. Egons Kosmos beschränkt sich demzufolge zunächst ausschließlich

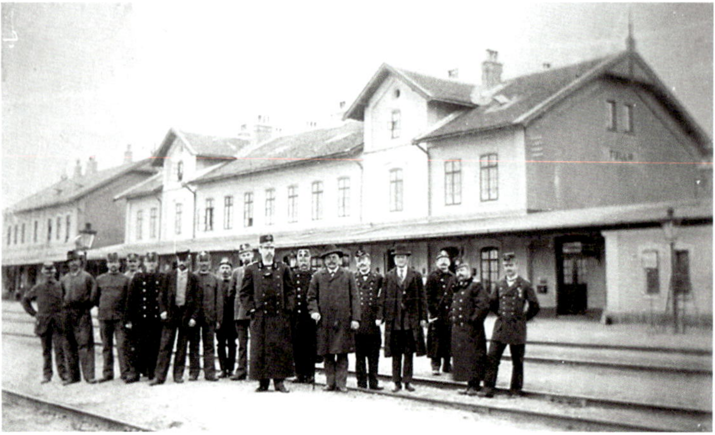

Adolf Schiele als Stationsvorstand in Tulln

auf das Bahnhofsgelände und die Familie. Als es Zeit für die Einschulung ist, wird für die ersten zwei Jahre ein Privatlehrer engagiert. Später bringt ein Dienstmädchen den Jungen in die Volksschule nach Tulln und holt ihn auch wieder ab.

Der Vater, der als Familienvorstand und Bahnhofsleiter streng auf Ordnung und Disziplin achtet, leidet unter seiner Krankheit, die mehr und mehr von Kontrollverlusten begleitet ist. Schon um 1900 werden wahnhafte Züge erkennbar. Die tiefe Kluft zwischen Anspruch und Wirklichkeit im Leben des bewunderten Vaters bleibt Egon nicht verborgen. Besorgniserregende Momente geistiger Verwirrung führen schließlich 1904 zur Entlassung Adolf Schieles aus dem Dienst als Bahnhofsvorstand. Die Wohnung muss geräumt werden, der soziale und wirtschaftliche Niedergang der Familie ist besiegelt. Dennoch hängt Egon in besonderer Weise an seinem überaus problematischen Vater – vielleicht auch, weil dieser ihm als einzigem Stammhalter seine ganze Aufmerksamkeit schenkt und ihn gegenüber seinen Schwestern deutlich bevorzugt.

Meine rohen Lehrer waren stets mir die (größten) Feinde.

Egon Schiele

SCHULPROBLEME

Schon als kleines Kind wird Egon spielerisch an das ihm zugedachte Berufsfeld herangeführt. Die jüngere, 1894 geborene Schwester Gertrude (Gerti) erinnert sich: „Wenn Mama nach Wien fuhr mußte sie Egon immer in einem Spielwarengeschäft [...] eine kleine Garnitur eines Bahnzuges mitbringen [...] Papa brachte ihm Holzleisten, in die er Schienen einschnitzte. Bahnschranken und Stationsgebäude fertigte er sich selbst an, fein säuberlich mit Zuhilfenahme eines Bausteinkastens." Noch als Erwachsener konnte sich Schiele für seine aus vielen Einzelteilen bestehende Modelleisenbahn begeistern, als wäre sie eine nie abreißende Verbindung zu seinem Vater.

Neben einer technischen Begabung entwickelt Schiele schon bald ein auffallendes künstlerisches Talent. „Als er sieben Jahre alt war", berichtet die Mutter rückblickend, „hat er sich einmal auf das Fensterbrett gelegt und von früh bis abends ein dickes Buch mit Zeichnungen füllend, alle Geleise, Signalanlagen und so weiter aufs Papier geworfen." Die Schule erweist sich hingegen als ein schwieriges Feld für Egon. Um den Jungen zu motivieren, schenkt ihm der Vater ein Skizzenbuch und erlaubt ihm, jeden Tag nach Fertigstellung der Latein-Hausarbeiten eine Zeichnung darin anzufertigen. Egons Schaffensdrang lässt sich aber nicht regulieren: Schon am ersten Vormittag entstehen zahllose Darstellungen von Eisenbahnwaggons. Als der Vater zum Mittagessen heimkehrt, hat der Sohn alle Blätter herausgerissen und sie so auf dem Boden der Wohnung ausgelegt, dass sie sich wie ein langer Zug aneinanderreihen. Diese Missachtung der väterlichen Autorität löst einen wahren Tobsuchtsanfall aus – sämtliche Blätter landen im Ofen.

Die Schullaufbahn von Egon Schiele gestaltet sich weiterhin problematisch. Seine Noten sind höchstens durchschnittlich, manchmal auch schlechter. Nach Beendigung der Volksschule wird er auf ein Realgymnasium in das 40 Kilometer entfernt ebenfalls an der Donau gelegene Krems geschickt. Dort wohnt er zur Untermiete bei einer

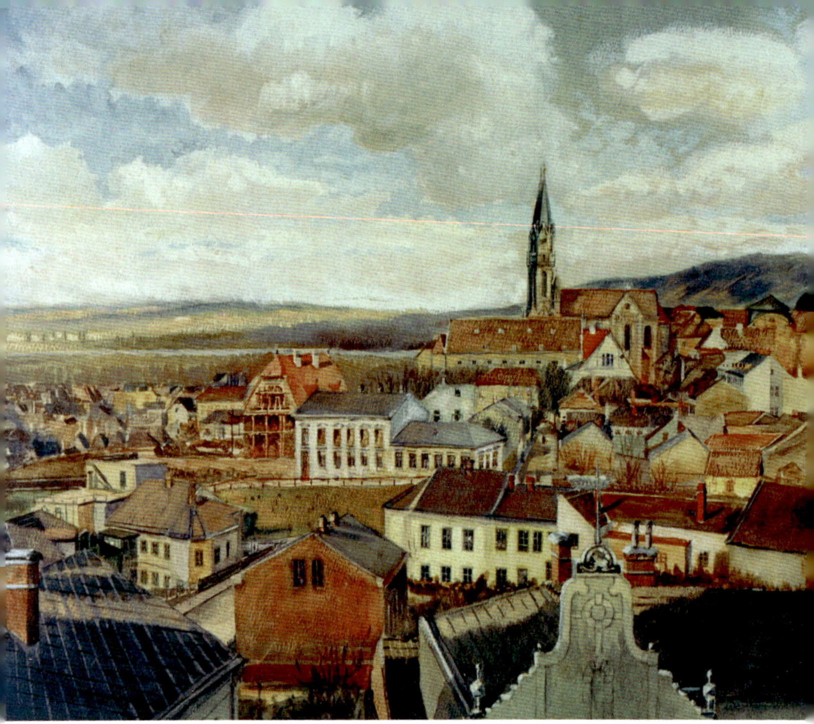

Klosterneuburg, Ansicht aus dem Fenster des Zeichensaals,
1905/06, Deckfarben auf Karton, 36,8 × 46,1 cm

Witwe. Jedes Wochenende kommen die Eltern zu Besuch. Bereits das erste Schuljahr entwickelt sich desaströs und muss schließlich sogar abgebrochen werden. Nach einer Überbrückungszeit in Tulln beginnt im September 1902 ein zweiter Versuch an einem Gymnasium in Klosterneuburg.

Doch auch dieser Schulwechsel bringt keine Verbesserung. Schiele bleibt ein schlechter Schüler und muss das erste gymnasiale Jahr wiederholen. Das Leben in Klosterneuburg bei seinem ehemaligen Hauslehrer Leopold Berger ermöglicht ihm jedoch endlich freundschaftliche Kontakte zu Klassenkameraden, den Kindern seines Gastvaters und anderen Jugendlichen seines Alters. Gemeinsame Theateraufführungen und Ausflüge, eine erste Verliebtheit – all das verbindet sich mit der glücklichen Zeit in Klosterneuburg.

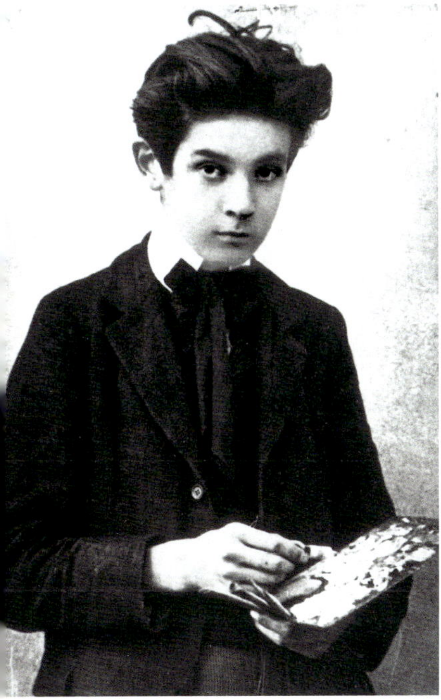

Egon Schiele als Student in seinem ersten Jahr an der Akademie der Künste Wien um 1906/07

Jede freie Stunde war er draußen auf den Wiesen am Bachbett oder in den Wäldern und bezeichnete mit Farbstiften Blatt für Blatt seines Zeichenblocks.

Erinnerung eines Freundes der Familie Schiele

Vor allem aber kann Egon hier ohne elterliche Kontrolle zeichnen und aquarellieren. Mit dem Skizzenbuch in der Hand durchstreift er den Ort und die Umgebung. Professor Ludwig Karl Strauch (1875–1959), ausgebildet an der Wiener Kunstakademie, selbst ein anerkannter Maler und seit einem Jahr als Zeichenlehrer in Klosterneuburg tätig, erkennt das Talent seines Schülers. Er bietet dem Jungen ergänzende Privatstunden in seinem Atelier an und lässt ihn auf einer Staffelei erstmals mit der Ölmalerei experimentieren.

Inspirierend für Schiele ist auch der Kontakt zur Familie Stockert, Verwandte aus einem wohlhabenden Zweig der väterlichen Linie, deren Villa in Klosterneuburg von einem großzügigen Anwesen umgeben ist. Robert von Stockert, ein passionierter Fotograf, nutzt seinen herrlichen, mit Liebe angelegten und gepflegten Garten für zahlreiche Blumenaufnahmen, die im Magazin des Clubs der Amateurfotografen abgebildet und auf zahlreichen nationalen wie internationalen Ausstellungen gezeigt werden.

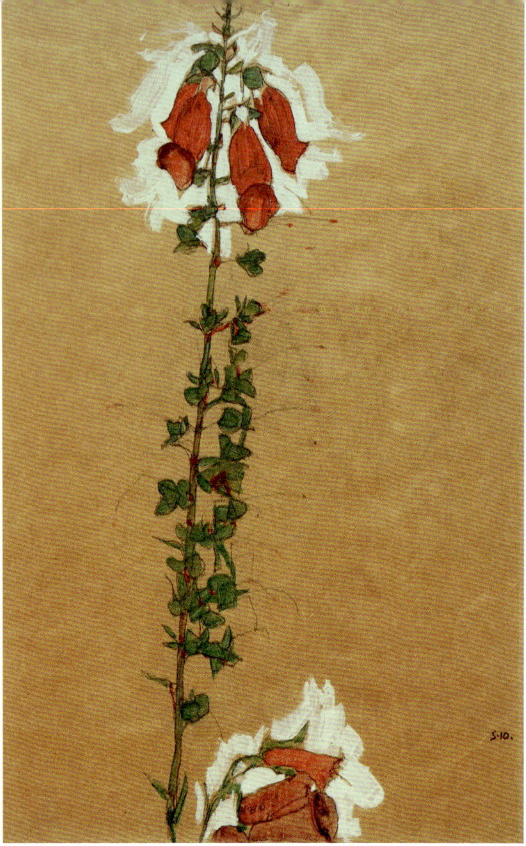

Roter Fingerhut,
1910, Aquarell,
schwarze Kreide
und Gouache,
44,9 × 29,7 cm

Wie in den meisten seiner Pflanzenbilder isoliert Schiele den giftigen Fingerhut auf einem leeren Blatt. Dieser radikale Verzicht auf die Wiedergabe einer Umgebung, eines Gartenausschnitts oder einer Vase, erinnert an seine zeitgleich entstehenden Aktdarstellungen. Ebenso die weiße Aura, von der die Blüten umgeben sind und die sich auch in einigen Porträts findet. Pflanzen und Menschen werden vom Künstler in ähnlicher Weise inszeniert: Nichts soll den konzentrierten Blick des Betrachters ablenken. Auch der mit Schiele verwandte Fotograf Robert von Stockert lichtete die von ihm ausgewählten Pflanzen häufig vor einem neutralen Hintergrund ab. Seine Aufnahmen haben den jungen Künstler vielleicht zu dieser Darstellungsform angeregt.

Durch ihn kommt Schiele mit der Fotografie als technisches Medium in Berührung. Er ist begeistert von den damit verbundenen Möglichkeiten und bekommt von dem großzügigen Stockert offenbar sogar eine eigene Kamera geschenkt – dies lassen zumindest zahlreiche Porträtaufnahmen vermuten, die Schiele 1904/05 von seiner älteren Schwester Melanie in Klosterneuburg anfertigt.

Daheim in Tulln verschärft sich derweil die familiäre Situation. Nach der Entlassung des Vaters und einem Selbstmordversuch im Sommer 1904 zieht die Familie im November des Jahres ebenfalls nach Klosterneuburg. In einem weiteren Anfall geistiger Umnachtung verbrennt Adolf Schiele den gesamten Aktienbesitz und damit alle Rücklagen der Familie. Körperlich und geistig völlig zerstört, stirbt er schließlich

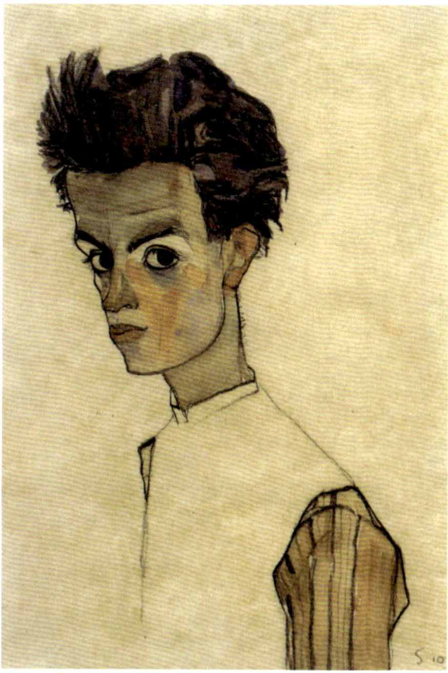

Selbstbildnis, 1910, Aquarell, schwarze Kreide und Gouache auf Papier, 44,3 × 30, cm

in der Nacht auf den 1. Januar 1905 und hinterlässt seine 43-jährige Frau mit den drei minderjährigen Kindern Melanie, Egon und Gerti. Zum Vormund über den Sohn und die jüngere Tochter Gerti wird der wohlhabende Onkel Leopold Czihaczek bestimmt. Das Ehepaar Czihaczek lebt in Wien, hält sich aber zur Sommerfrische regelmäßig in Klosterneuburg auf. Während dieser Wochen lädt der Onkel sein Mündel häufig zum Mittagessen ein. Im Frühjahr 1906 zeichnet sich ab, dass das im Kreise der Verwandtschaft allgemein bestaunte Wunderkind ein weiteres Schuljahr wiederholen muss. Da kann Egon die verzweifelte Mutter zunächst gegen den Willen des Onkels und Vormundes davon überzeugen, dass eine künstlerische Ausbildung den erwünschten Ausweg aus dem Schuldesaster bedeuten könnte. Unterstützt durch den Kunstlehrer Strauch sowie den Religionslehrer Wolfgang Pauker, richtet Schiele seine erste Bewerbung an die **Wiener Kunstgewerbeschule** *, an der damals auch Selma von Stockert, eine ältere Cousine, eingeschrieben ist. Seine Mappe begeistert die Professoren so über die Maßen, dass sie den Jungen an die Wiener Kunstakademie weiterempfehlen, um ihm eine klassische Ausbildung in Malerei zu ermöglichen. Nach einer weiteren Mappenprüfung wird er dort sofort angenommen und beginnt sein Studium im Oktober 1906 als Jüngster seines Jahrgangs im ehrwürdigen Gebäude am Schillerplatz.

---

* *Die* **WIENER KUNSTGEWERBESCHULE** *wird 1867 als Aus- und Weiterbildungseinrichtung für Gestalter und Handwerker gegründet. Wie auch an anderen Kunstgewerbeschulen, etwa in Weimar, Düsseldorf oder Krefeld, werden hier moderne Unterrichtsmethoden angewandt mit dem Ziel, das Kunstgewerbe grundlegend zu reformieren und aufzuwerten. Naturbeobachtung und freies Entwerfen lösen die Arbeit nach historischen Vorbildern ab. Anders als an den Akademien sind Frauen von Anfang an als Studentinnen zugelassen. Die kaiserlich-königliche Kunstgewerbeschule entwickelt sich zur Wiege des Wiener Jugendstils. Gustav Klimt ist einer ihrer berühmtesten Absolventen.*

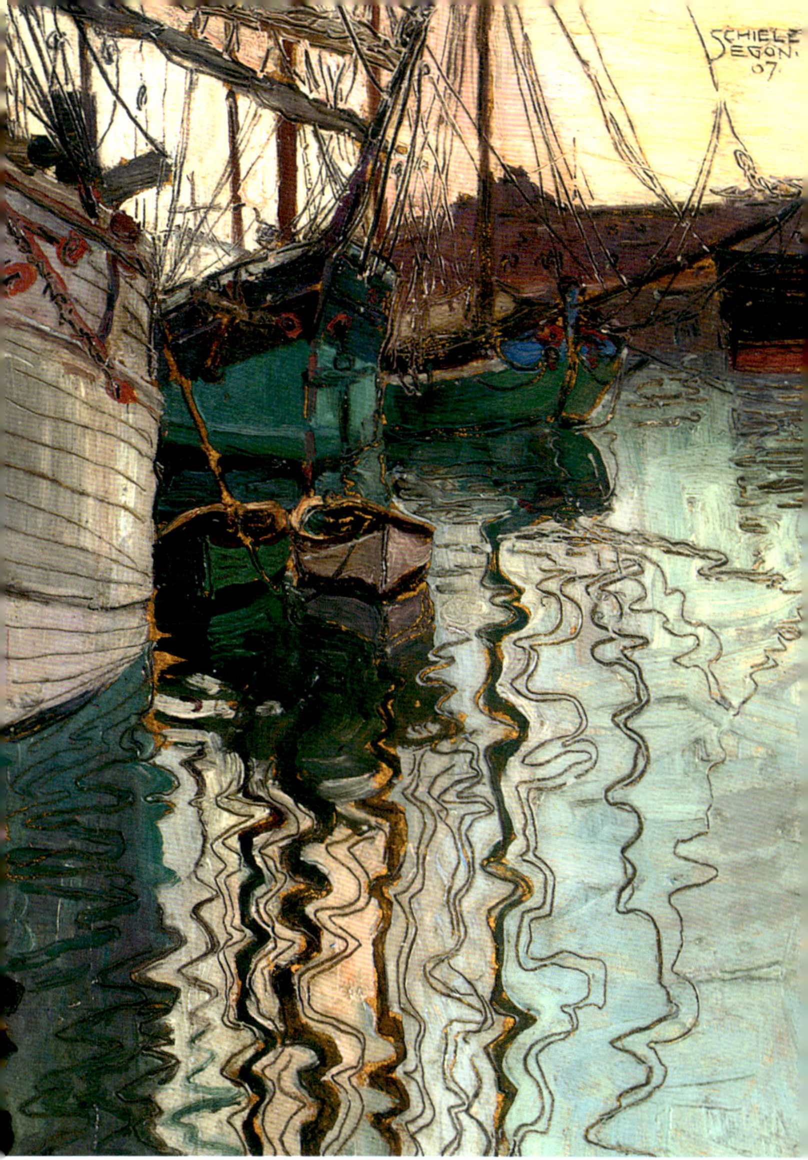

Hafen von Triest, 1907, Öl und Bleistift auf Pappe, 25 × 18 cm

Auf dem Weg zum „Neukünstler“

AKADEMISCHES INTERMEZZO

Schieles Lebensmittelpunkt verlagert sich nun überwiegend nach Wien. Anfangs wohnt er mit seiner Mutter und den Schwestern in einer angemieteten Wohnung, sucht sich aber schon nach wenigen Monaten ein eigenes Atelier in der Leopoldstadt, nicht weit vom Wohnsitz seines Vormunds. Dieser überwindet seine anfängliche Abneigung gegen das Kunststudium des Neffen offenbar schnell, denn fast jeden Mittag sitzt das Mündel nun am reich gedeckten Tisch des Onkels, der zudem seine Malmaterialien bezahlt und ihm nach dem Essen oftmals noch etwas Geld zusteckt. Im Rahmen dieser häufigen Begegnungen und wohl auch als bezahlte Auftragsarbeiten entstehen in diesen ersten Studienjahren mehrere Porträts des stets vornehm gekleideten Leopold Czihaczek. Der Gegensatz zwischen dem eleganten Ambiente der großbürgerlichen Verwandtschaft und der ärmlichen Umgebung seines Ateliers nahe dem Wiener Prater hätte nicht größer sein können. Es sind zwei Welten, von denen sich der junge Schiele gleichermaßen angezogen fühlt. Denn hier am „Wurstelprater“ unter dem erst vor wenigen Jahren errichteten Riesenrad mit seinen Schaubuden und Bierausschänken, den „Strizzis“ (Zuhältern) und ihren Dirnen kommt er erstmals in Kontakt mit der inszenierten Erotik des käuflichen Sex und trifft auf Frauen, die als potenzielle Modelle ansprechbar sind.

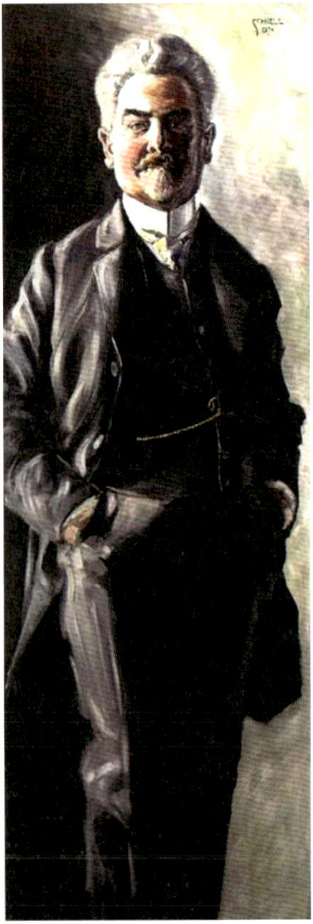

Leopold Czihaczek, 1907,
Öl auf Leinwand, 149,8 × 49,7 cm

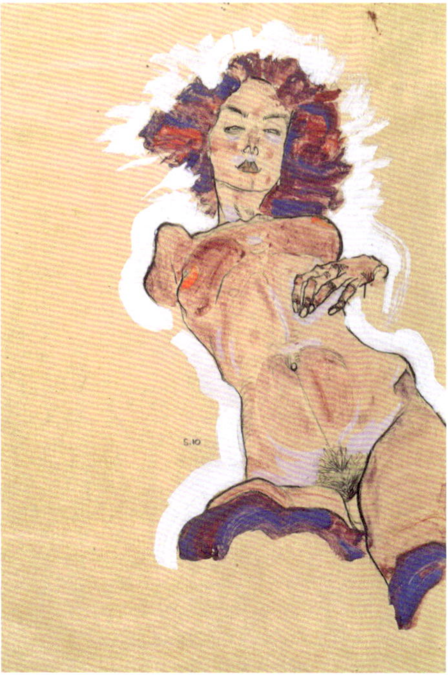

Weiblicher Akt, 1910, Schwarze Kreide, Aquarell und Gouache auf Papier, 44,3 × 30,6 cm

Wie für viele junge Künstler seiner Zeit erweist sich auch für Schiele das Studium an der Kunstakademie als herbe Enttäuschung. Mit seinem aus Oldenburg stammenden Lehrer Christian Griepenkerl (1839–1916), einem damals schon altgedienten und einflussreichen Professor, der einen staubtrockenen akademischen Stil vermittelt, kommt es immer wieder zu Konflikten. Griepenkerls naturalistische und zugleich idealisierende Porträt- und Historienmalerei kann die junge Schülergeneration kaum noch überzeugen. Mehr als solides Handwerkszeug nehmen sie aus seinem Unterricht nicht mit. Immerhin: Griepenkerl verfügt über einen geübten Blick und entsprechende Urteilskraft. Zweimal, 1907 und 1908, lehnt er die Zulassung des jungen Adolf Hitler zum Kunststudium an der Akademie ab.

Auch wenn für Schiele schnell klar ist, dass er dem akademischen Unterricht und den traditionellen Kunstvorstellungen nichts abgewinnen kann, profitiert er dennoch von den Möglichkeiten an der

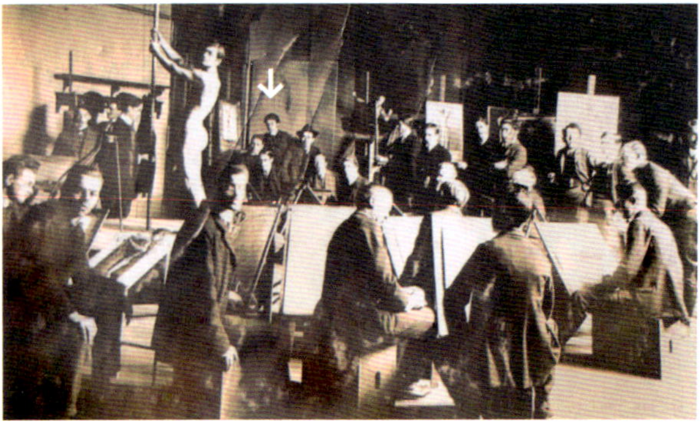

Egon Schiele im Kreise seiner Studienkollegen, 1907

Akademie. Vor allem das regelmäßige Aktzeichnen, fester Bestandteil der damaligen Künstlerausbildung, und das begleitende Anatomiestudium interessieren ihn. Die hier vermittelten praktischen wie theoretischen Kenntnisse über den menschlichen Körper werden für Schiele zur unverzichtbaren Basis seiner späteren ausdrucksstarken Menschenbilder. Besonders wichtige Impulse bietet ihm die Begegnung mit dem Anatomieprofessor Hermann Vincenz Heller (1866–1949), der im Dezember 1906 seine Lehrtätigkeit an der Akademie aufnimmt. Heller, damals gerade Anfang 40 und nicht nur Maler und Bildhauer, sondern auch Mediziner, beschäftigt sich seit vielen Jahren mit der Physiognomik, einer Ausdruckslehre, die den Zusammenhang zwischen dem Erscheinungsbild und dem Temperament eines Menschen erforschen möchte. Unter dem Titel *Grundformen der Mimik des Antlitzes* hat er dazu 1902 eine wissenschaftliche Untersuchung publiziert und zur anschaulichen Bebilderung 50 Gesichtsmasken angefertigt. Als Vorstudien dienten ihm zahlreiche Profil- und **En-Face**-* Fotografien des eigenen Gesichts in unterschiedlichen Stimmungslagen, die Heller vor dem Spiegel eingeübt hatte. Den Künstler interessierten dabei weniger die psychologischen Deutungsmöglichkeiten der Physiognomik als die Frage, wie sich Gefühle im Gesichtsausdruck artikulieren und welche Muskeln oder Muskelgrup-

---

* *Eine* **EN-FACE**-*Darstellung (frz. en face, ins Gesicht) ist die frontal wiedergegebene Ansicht eines Kopfes in der Porträtmalerei.*

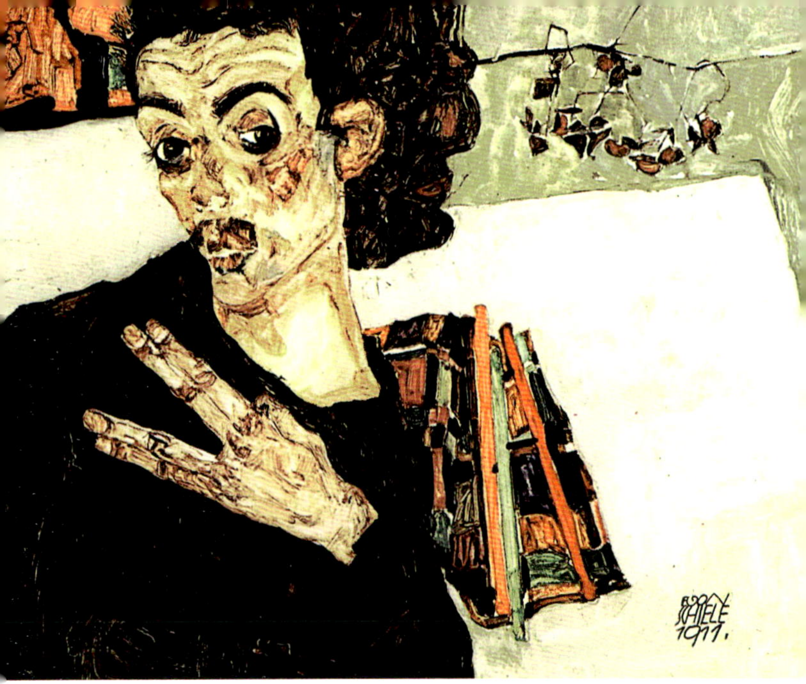

Selbstbildnis mit schwarzem Tongefäß und gespreizten Fingern, 1911, Öl auf Holz, 27,5 × 34 cm

pen durch unterschiedliche „Seelenerregungen“ in Spannung versetzt werden. Aus diesem Grund sammelte Heller auch die Fotografien des französischen Neurologen Guillaume-Benjamin Duchenne de Boulogne, der Mitte des 19. Jahrhunderts mithilfe von Reizstrom die muskulären Grundlagen der Mimik untersucht und die Reaktionen in den Gesichtern seiner Patienten festgehalten hatte. Schieles grimassenhaft überzeichnete Selbstporträts, seine Attitüden und Gesten, mit denen er ab 1910 experimentiert, gehen sicher auch auf diese Anregungen aus seiner Akademiezeit zurück.

VORBILDER

Auf die Suche nach dem eigenen künstlerischen Weg machen sich Schiele und seine jungen Mitstudenten jedoch außerhalb der Akademie. Eine Reise mit Verwandten führt Schiele im Sommer 1907 nach München. Dort entdeckt er Franz von Stuck (1863–1928) und ist nicht nur von seinem Werk, sondern auch von seinem Habitus, einem

Als ich mich gegen den Willen meiner Mutter und meines Vormundes selbständig machte, um als freischaffender Künstler zu leben, ging es mir bald hundselend. Ich trug von meinem Vormund abgelegte Kleider, Schuhe und Hüte, die mir allesamt zu groß waren. […] In den verblichenen, abgegriffenen, stellenweise speckigen Filzhut hatte ich ganze Zeitungen zusammengefaltet einlegen müssen, damit er mir nicht über die Augen rutschte. […] Die Hemdkragen waren Erbstücke meines Vaters und für meinen dünnen Hals viel zu weit und überdies zu hoch. Deshalb trug ich an Sonntagen und bei „besonderen" Anlässen „originell" geformte Kragen aus Papier, die ich selbst zurechtgeschnitten hatte.

Egon Schiele im Gespräch mit
dem Kunstschriftsteller Arthur Roessler

geradezu aristokratisch selbstbewussten Auftritt als Malerfürst, außerordentlich beeindruckt. Zumal Schiele biografische Übereinstimmungen zu erkennen glaubt, denn Franz von Stuck, der wie er selbst ein zeichnerisch überaus talentiertes Kind war und aus einfachen Verhältnissen stammte, musste sich als junger Künstler ohne elterliche Unterstützung als Selfmademan durchschlagen. Nun ist er ein anerkannter, 1906 gar in den Adelsstand erhobener Professor. Inmitten der eigenen wirtschaftlichen Misere wirkt diese künstlerische Erfolgsgeschichte auf den Studenten außerordentlich ermutigend.

Zurück in Wien beginnt Schiele sofort mit einer Kreuzigungsszene, die deutliche Anleihen bei einem Werk des verehrten Meisters zeigt. Wenige Monate später bittet er von Stuck brieflich, seine Werke zur Frühjahrsausstellung der Münchner Sezession zuzulassen. Vergeblich. Die Arbeiten können den deutlich älteren, arrivierten Kollegen anscheinend nicht überzeugen. Dennoch behält die oftmals dunkle, die menschlichen Abgründe auslotende Malerei Stucks in diesen ersten Jahren für Schiele eine wichtige Vorbildfunktion. Wie dieser möchte auch Schiele die unsichtbaren Tiefen des Menschen erforschen und dafür neue, eigene künstlerische Ausdrucksmöglichkeiten finden.

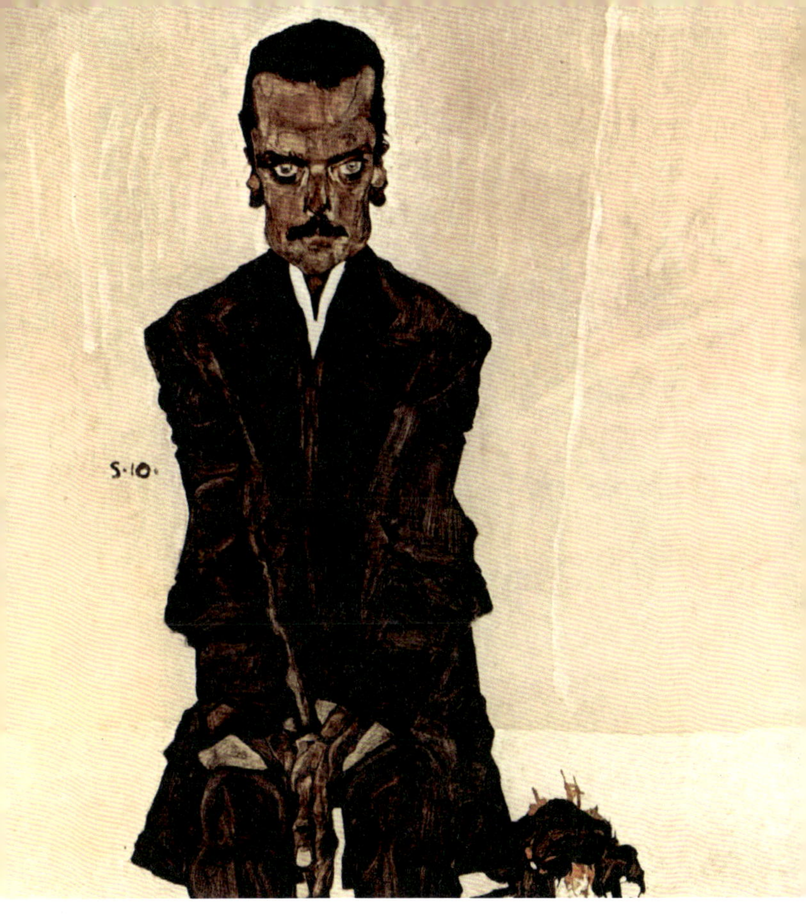

Bildnis des Verlegers Eduard Kosmack, 1910, Öl auf Leinwand, 100 × 100 cm

Porträtaufträge sind für Schiele, wie auch für die meisten seiner Künstlerkollegen, eine wichtige Einnahmequelle. In der zweiten Hälfte des Jahres 1910 fertigt er eine ganze Reihe von Bildnissen seiner Mäzene und Sammler an. Darunter auch das Porträt des Verlegers Eduard Kosmack, der den Künstler mit okkultem Gedankengut in Kontakt bringt und selbst ein erfolgreicher Hypnotiseur gewesen sein soll. Schiele zeigt ihn in strenger Frontalität und mit stechendem Blick aus leicht geröteten Augen. Kosmacks ganze Energie scheint von seinem Kopf auszustrahlen, während der Körper wie stillgestellt wirkt.

Viel unproblematischer als bei Stuck in München gelingt Schiele die Kontaktaufnahme zu Künstlerkreisen rund um die Wiener Secession und die 1903 gegründete **Wiener Werkstätte** * .

Deren Zentralgestirn, der skandalumwitterte, damals 45-jährige Gustav Klimt (1862–1918), wird für ihn zu einer bewunderten Vaterfigur. Klimt, vor der Jahrhundertwende einer der Mitbegründer der Wiener Secession und ihr erster Präsident, repräsentiert als schillerndste Künstlerfigur der österreichischen Kunstszene die radikale Wende vom Historismus zum **Jugendstil** * , der von Schieles akademischen Lehrern immer noch aufs Heftigste bekämpft wird. Vor allem aber verkörpert der aus ärmlichen Verhältnissen stammende Maler einen neuen, für Schiele vorbildlichen Künstlertypus: Unabhängig

---

* *Die* WIENER WERKSTÄTTE *wird 1903 als Produktionsgemeinschaft bildender Künstler von Joseph Hoffmann, Koloman Moser und dem Industriellen Fritz Waerndorfer gegründet und neben der Wiener Secession und der Wiener Kunstgewerbeschule zum Motor einer umfassenden Erneuerung der kunstgewerblichen Produktion. Das Unternehmen stellt hauptsächlich Alltagsgegenstände, Schmuck und Möbel her und ist um eine Verbesserung der Arbeitsbedingungen für ihre Handwerker bemüht. Ein Höhepunkt der interdisziplinären Zusammenarbeit ist die Ausstattung des Palais Stoclet in Brüssel (1905–11).*

* **JUGENDSTIL** *Als Stilrichtung in der europäischen Kunst entwickelt sich der Jugendstil zwischen 1895 und 1905 vor allem auf dem Gebiet des Kunstgewerbes. Der Name, der die Erneuerungsbestrebungen der künstlerischen Bewegung widerspiegelt, etabliert sich um 1900. In Abgrenzung zur damals üblichen Nachahmung historischer Formen (Historismus) entwickeln die Künstler des Jugendstils eine neue, von der Pflanzenwelt inspirierte Ornamentik. Die Malerei ist außerdem geprägt von einer flächigen Darstellungsweise, die ohne räumliche oder plastische Effekte auskommt.*

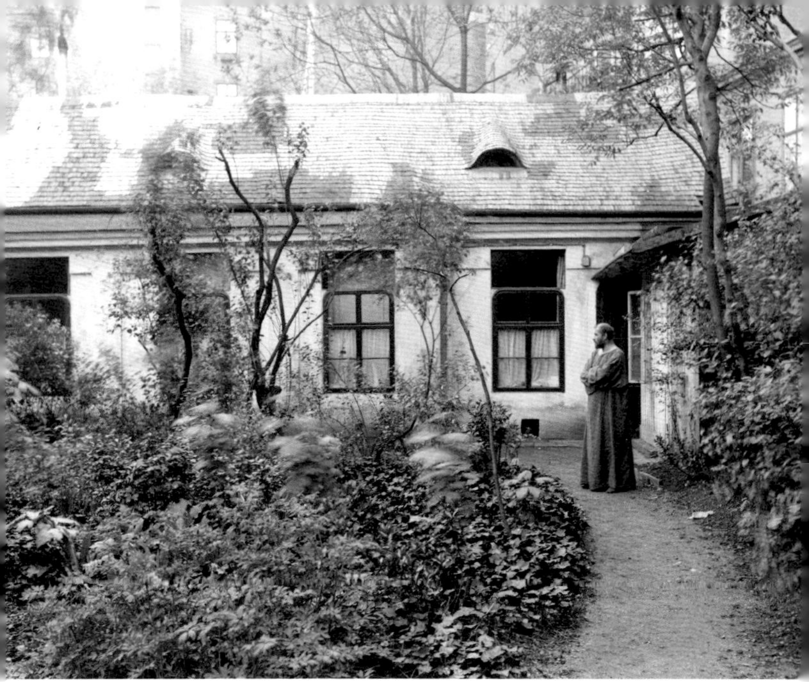

Gustav Klimt im Garten vor seinem Atelier in Wien VIII., Josefstädter Straße 21, 1911

von allen gesellschaftlichen wie künstlerischen Konventionen inszeniert sich Klimt als kompromissloser Freigeist und gilt dennoch um 1910 als der bestbezahlte Künstler der Stadt. Das Wiener Großbürgertum ist verrückt nach seinen Bildern und den luxuriösen Innenausstattungen, die er für ihre Villen entwirft. Dank seiner Erfolge kann sich Klimt ein schönes Gartenatelier leisten. Zahlreiche wohlhabende Auftraggeberinnen lassen sich von ihm porträtieren und sollen – so das Gerücht – Affären mit ihm haben. Gleichzeitig lebt Klimt mit verschiedenen jungen Modellen in wechselnden Liebesbeziehungen, aus denen mindestens vier uneheliche Kinder hervorgehen. Der Künstler selbst, zumeist mit einem blauen Malerkittel angetan, gibt sich die Aura eines Messias. Schiele muss sich entsprechend geehrt fühlen, als dieser ihn als talentierten Newcomer entdeckt und sich persönlich für sein Fortkommen engagiert.

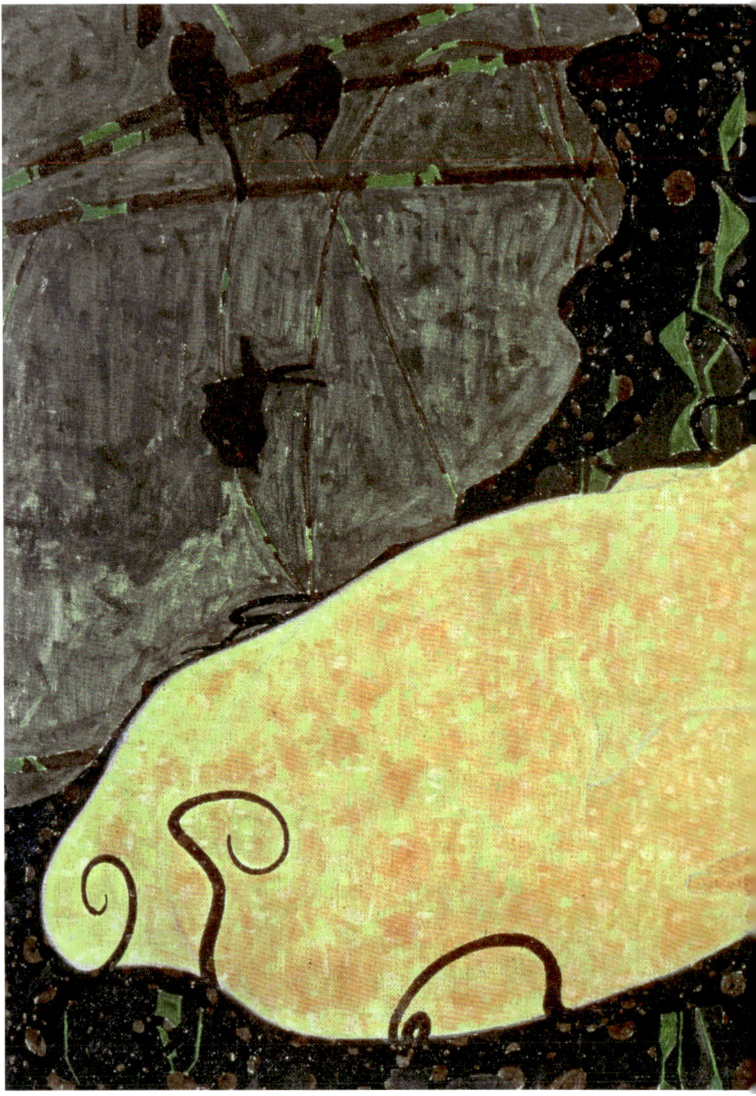

Danae, 1909, Öl und Metallfarben, 80 × 125,4 cm

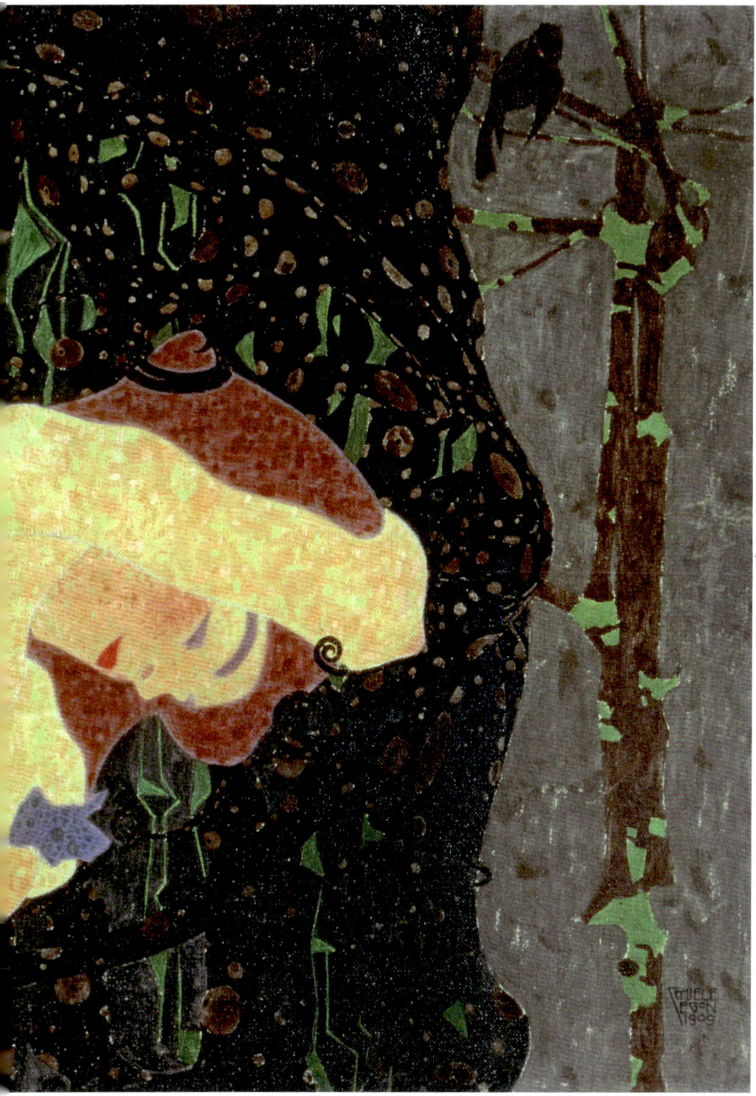
SCHIELE
EGON
1909

Die Wiener Secession

Vor der Jahrhundertwende sind viele junge Künstler in Deutschland und Österreich unzufrieden mit dem akademischen Kunst- und Ausstellungsbetrieb. Neue künstlerische Richtungen, vor allem die französische Malerei des Impressionismus, werden von den Akademien massiv bekämpft. Maler, die diese Impulse aufgreifen, bleiben vielfach von den offiziellen Jahresausstellungen der Künstlervereinigungen ausgeschlossen und suchen nach alternativen Möglichkeiten, sich der Öffentlichkeit zu präsentieren. So kommt es 1892 in München, damals eine der wichtigsten Kunstmetropolen Deutschlands, zur richtungsweisenden Gründung der ersten sogenannten Sezession (lat. Abspaltung). In den nächsten Jahren folgen vergleichbare sezessionistische Künstlerzusammenschlüsse in Dresden (1894) und Berlin (1898). In Wien verbünden sich im April 1897 Gustav Klimt, Koloman Moser, Joseph Hoffmann, Joseph Maria Olbrich und andere, um einen ähnlichen Weg zu beschreiten. Schon im darauffolgenden Jahr zeigt die neue Vereinigung ihre erste Ausstellung. Begleitend gründet man mit *Ver Sacrum* (lat. Heiliger Frühling) eine Kunstzeitschrift, die den Aufbruchsgeist der jungen Generation schon in ihrem Namen vermittelt: Eine neue Blüte der Kunst, die förderlich und formend in die Gesellschaft wirkt, das erhoffen sich die Künstler der Wiener Secession.

Im Zentrum ihrer Aktivitäten steht zunächst ein eigenes Ausstellungsgebäude, das 1898 nach Entwürfen Olbrichs errichtet werden kann. Architektur und Ausstattung spiegeln die Ideen der Künstlervereinigung. Deutlich an eine antike Tempelanlage angelehnt, zeigt der Bau klare Formen ohne jeden Rückgriff auf historistische Schmuckelemente – gemäß dem an der Fassade

Das von Joseph Maria Olbrich entworfene Gebäude der Wiener Secession, 1898

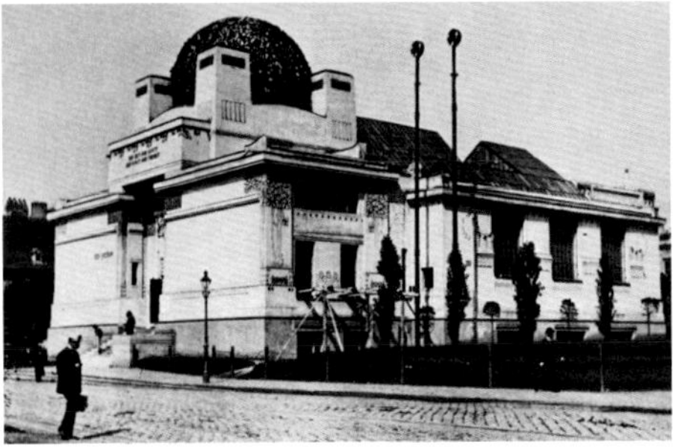

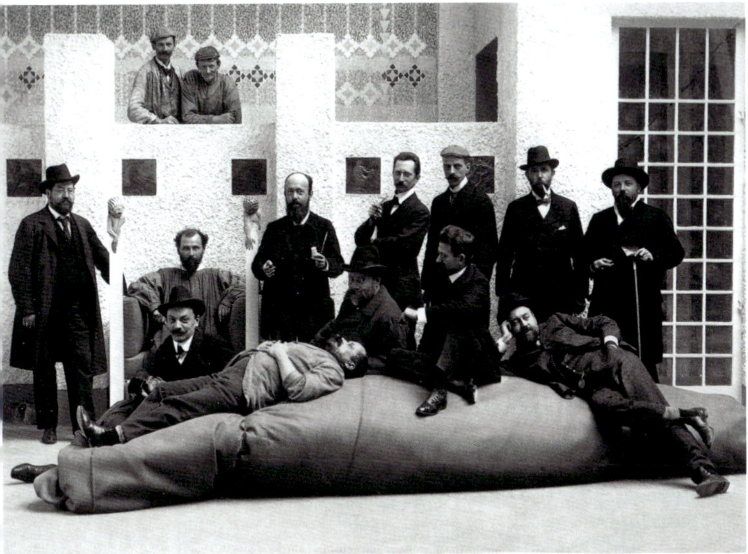

Gustav Klimt (im Hintergrund sitzend) und weitere Mitglieder der Wiener Secession um 1902

angebrachten Motto: „Der Zeit ihre Kunst. Der Kunst ihre Freiheit." Charakteristisch für den Jugendstil der Wiener Secession ist die auf wenige Flächen beschränkte Ornamentierung, die pflanzliche Motive zitiert. Über dem Türsturz verschlingen sich allegorische Darstellungen der Malerei, Architektur und Plastik zu einem gleichwertigen Miteinander der Künste, deren Gestaltungskraft das gesamte Leben prägen soll.

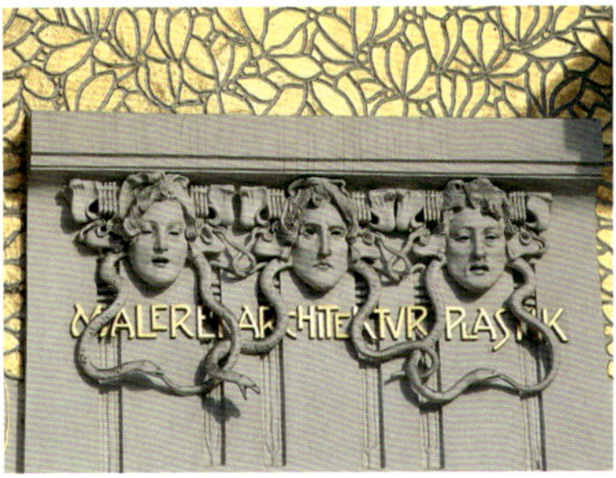

Relief über dem Portal des Secessionsgebäudes

Die berühmte Ausstellung von 1902, zu der Gustav Klimt seinen heute noch am Ort befindlichen *Beethovenfries* beisteuert, wird zur beeindruckenden Manifestation dieser Idee eines Gesamtkunstwerks.

Aus Anlass des 60-jährigen Regierungsjubiläums von Kaiser Franz-Josef organisiert Klimt zusammen mit einigen weiteren Künstlern 1908 die *Kunstschau*, eine Ausstellung, die mit etwa 130 beteiligten Künstlerinnen und Künstlern Kunstgeschichte schreibt. In einem eigenen Saal zeigt der Meister sein gerade vollendetes Werk *Der Kuss*. Ein Bild, dessen radikaler Antinaturalismus und üppige Ornamentik das Publikum überwältigt und das sofort vom Ministerium für Kultus und Unterricht angekauft wird. Nie zuvor hatte man eine vergleichbare Übersetzung der Wirklichkeit in eine derart symbolisch aufgeladene, opulente Bildsprache gesehen. Klimts linearer Flächenstil kommt ohne Spannungen oder Missklänge aus. Alle Gegensätzlichkeiten verlieren sich in seinen überbordenden und doch geschlossenen Kompositionen.

ERSTE AUSSTELLUNGEN

Neben seinen neuen Kontakten in Wien hält Schiele die alten Verbindungen nach Klosterneuburg aufrecht. Regelmäßig pendelt er zwischen der Kleinstadt an der Donau und der 15 Kilometer entfernten Hauptstadt. Und schließlich erlebt er hier sein öffentliches Debüt. Im Mai 1908, noch vor der Eröffnung der ersten *Kunstschau*, kann er im Klosterneuburger Chorherrenstift zum ersten Mal einige Werke in einer Ausstellung präsentieren. Sein ehemaliger Religionslehrer Wolfgang Pauker hat sich als Chorherr für die Teilnahme Schieles starkgemacht, der jedoch nach den Statuten der Wiener Kunstakademie als Schüler nicht befugt ist, sich an öffentlichen Präsentationen zu beteiligen. Wie eine Rezension der *Österreichischen Volkszeitung* vom 14. Mai 1908 erkennen lässt, werden die zehn Bilder des Debütanten inmitten einer Auswahl von immerhin etwa 200 Werken durchaus bemerkt. Dort heißt es: „Ein stürmisches Talent fällt auf, dessen mit großer koloristischer Energie und zeichnerischem Schwung gemalte Landschaftsimpressionen einen schönen Schwung haben. [...] Ein vielversprechendes Talent, Schiele.“ Ein Achtungserfolg für den Neuling.

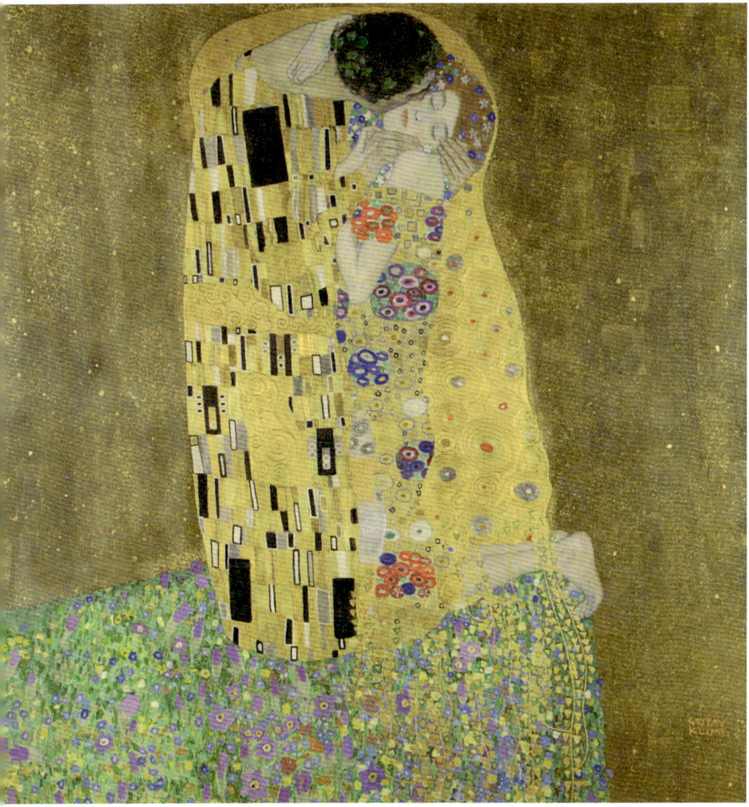

Gustav Klimt, **Der Kuss**, 1908, Öl auf Leinwand, 180 × 180 cm

Dank Gustav Klimt wird Schiele 1909 schließlich ebenfalls zur zweiten Wiener *Kunstschau* eingeladen, die dieses Mal nicht nur österreichische, sondern eine internationale Auswahl von Künstlerinnen und Künstlern präsentiert. Schiele zeigt hier vier Porträts, darunter das ganz offensichtlich stark von Klimt beeinflusste Bildnis des Malers Anton Peschka. Neben hochkarätigen Werken von Henri Matisse, Pierre Bonnard, Félix Vallotton, Max Liebermann, Edvard Munch, Paul Gauguin und vielen anderen gehen Schieles Beiträge regelrecht unter. Aber allein schon seine Beteiligung ist ein Ritterschlag. Nun gehört Schiele dazu! Er darf im Ausstellungsbetrieb mitspielen, kann sich als

Teil der internationalen Avantgarde fühlen. Bei seinem Besuch der Ausstellung ist er tief beeindruckt von den elf Gemälden Vincent van Goghs, die dort in einem eigenen Raum zu sehen sind. Die Nervosität des Pinselstrichs und die einzigartige expressive Kraft, die aus diesen Werken spricht, teilen sich Schiele unmittelbar mit. In späteren Arbeiten, etwa mit den Sonnenblumenbildern, greift er Themen und Motive des holländischen Malers auf.

Die wiederholten Ausstellungsbeteiligungen Schieles tragen zur Verschärfung des Konflikts mit der Akademie bei. Die Studenten fordern größere Freiräume und einen moderneren Unterricht ein. Professor Griepenkerl hingegen verbietet seinen Schülern sogar den Besuch der Secessions-Ausstellungen. Vorwurfsvolle Briefe werden ausgetauscht, bis Schiele schließlich gemeinsam mit einigen Kommilitonen die Akademie verlässt. Dem Zeitgeist entsprechend schließt man sich zu einer Künstlergruppe zusammen. Die sogenannte Neukunstgruppe wird offiziell am 17. Juni 1909 in der Wiener Galerie Pisko am Schwarzenbergplatz gegründet, und der Galerist Gustav Pisko verbindet diesen Akt mit dem Versprechen, der Gruppe eine Ausstellungsmöglichkeit zu bieten. Aus dem Kreis der 15 Gründungsmitglieder, darunter der spätere Schwager Schieles, Anton Peschka (1885–1940), sowie Erwin Dominik Osen (1891–1970), Hans Massmann (1887–1973) und Anton Faistauer (1887–1930), wird Egon Schiele zum Präsidenten gewählt. Das von ihm verfasste Credo der Gruppe liest sich wie eine nachträgliche Kampfansage an den traditionellen akademischen Unterricht: „Der Neukünstler ist und muß unbedingt er selbst sein, er muß Schöpfer sein, muß unvermittelt, ohne all das Vergangene und Hergebrachte zu benützen, ganz allein den Grund bauen können. Dann ist er Neukünstler."

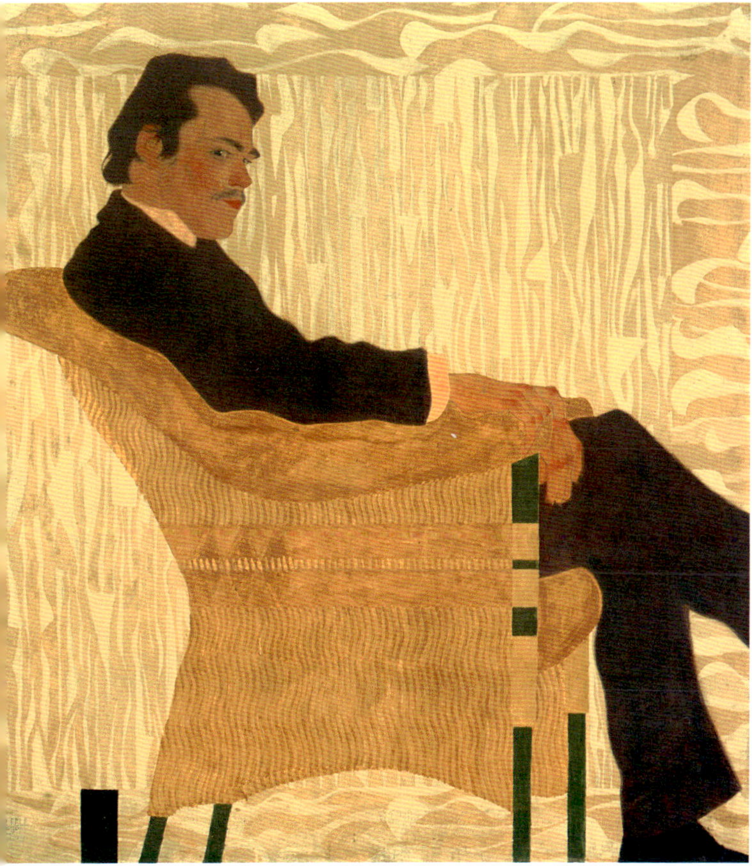

Porträt des Malers Hans Massmann, 1909,
Öl und Metallfarben auf Leinwand, 120 × 110 cm

Erste Schritte zum Erfolg

KONTAKTE UND NETZWERKE

Die vorzeitige Beendigung des Studiums markiert für Schiele zugleich den Beginn einer unsicheren Existenz als freier Künstler. Die Mitgliedschaft in der Neukunstgruppe gibt dabei fürs Erste ein wenig Halt. Außerdem hegt er insgeheim die Hoffnung, dass diese Bewegung vielleicht ähnlich erfolgreich werden könnte wie die gut zehn Jahre zuvor gegründete Wiener Secession. Im Dezember 1909 findet dann tatsächlich die erste Ausstellung der Neukunstgruppe in der Galerie Pisko statt. Eine ganze Reihe der Gründungsmitglieder sind allerdings schon nicht mehr dabei. Stattdessen beteiligen sich andere Künstler sowie zwölf Künstlerinnen, mehrheitlich aus dem Umfeld der Kunstgewerbeschule. Die Beteiligung von Frauen an dieser ersten Präsentation ist durchaus beachtlich, denn sie waren vom akademischen Studium ausgeschlossen und hatten es in der Konkurrenz mit den Männern auf dem Kunstmarkt besonders schwer.

> **Ich bin äußerst empfindlich und alle diese Leute wissen absolut nicht, wie sie sich benehmen sollen dem Künstler gegenüber.**
>
> Egon Schiele an Arthur Roessler, 1911

Von Anfang an inszeniert sich die Neukunstgruppe als eine Vereinigung junger Rebellen. Vereinsmeierei lehnt man ab. Deshalb gibt es keine formelle Beitrittsmöglichkeit, kein ausgearbeitetes Programm, keine verbindlichen Arbeitsstrukturen. Bei den Künstlern herrscht eher das Gefühl vor, einem Netzwerk fortschrittlicher Kräfte anzugehören. Vorbilder mögen die 1905 in Dresden gegründete Künstlergruppe Die Brücke oder auch die im selben Jahr durch Alexej von Jawlensky, Marianne Werefkin sowie Wassily Kandinsky und Gabriele Münter und anderen ins Leben gerufene Neue Künstlervereinigung München gewesen sein. Im Mittelpunkt steht bei all diesen Gruppierungen der Gedanke, etwas wirklich Neues schaffen und die Welt in einem umfassenden Sinne gestalten zu wollen. Dies verbindet die Künstlerinnen und Künstler über Herkunft und Grenzen hinweg.

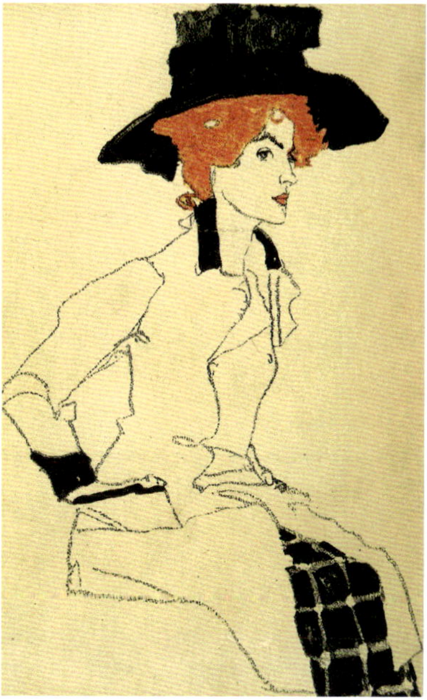

Frauenbildnis mit großem Hut (Gertrude Schiele),
1910, Aquarell und schwarze Kreide auf Papier,
20,6 × 14,7 cm

Alte Hierarchien sollen nun nicht mehr gelten. Das bedeutet auch, dass Malerei und Kunsthandwerk als gleichberechtigt anerkannt und präsentiert werden. Auch Schiele interessiert sich ausgesprochen für Aufgaben im Bereich der angewandten Kunst. Vermutlich durch die Vermittlung von Klimt bekommt er die Gelegenheit, Gestaltungsaufträge für die von Josef Hoffmann, Koloman Moser und dem Industriellen Fritz Waerndorfer gegründete Wiener Werkstätte zu übernehmen. Er entwirft Mode, zeichnet Kunstpostkarten und liefert Glasfensterentwürfe für das zwischen 1905 und 1911 in Brüssel im Stil der Wiener Secession gestaltete Palais Stoclet.

Anders als etwa in Berlin oder München gibt es in Wien um 1910 kaum fortschrittlich eingestellte Kunsthändler und Galeristen, die sich für junge Künstler um Ausstellungsbeteiligungen, Verkäufe und damit um die Sicherung ihrer Existenzgrundlage bemühen. Stattdessen muss Schiele potente Mäzene und Gönner finden, die Ankäufe tätigen oder Porträtaufträge erteilen. Tatsächlich werden bereits in dieser Zeit mehrere wichtige Sammler, darunter der Großindustrielle Carl Reininghaus und der bekannte Wiener Internist Dr. Oskar Reichel, auf den Künstler aufmerksam.

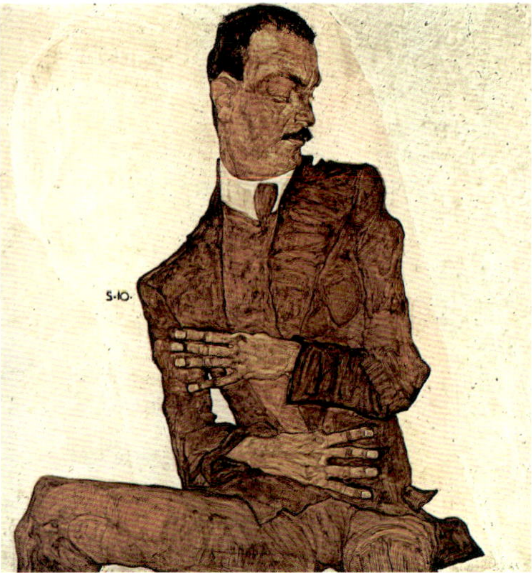

Bildnis Arthur Roessler, 1910,
Öl auf Leinwand, 99,6 × 99,8 cm

Der wichtigste Kontakt ergibt sich jedoch zu dem Kunsthistoriker und Kritiker Arthur Roessler (1877–1955), der seit einem Besuch in der Galerie Pisko von Schieles Werken begeistert ist. „Es werden wohl manche am Wege sterben, einige jedoch halte ich für innerlich und äußerlich stark genug um ‚durchzukommen'. Zu diesem zähle ich [...] Egon Schiele [...]", schreibt er am 7.12.1909 in der *Arbeiter-Zeitung*.

Roessler, der nach einem Studium der Philosophie, Literatur und Kunstgeschichte in Wien zunächst Europa bereist und dann als Redakteur der *Münchner Zeitung* gearbeitet hat, kommt 1905 nach Wien, um die Leitung der Galerie Miethke zu übernehmen. Nach einem Jahr zieht er sich davon zurück und nimmt seine Tätigkeit als Kunstschriftsteller wieder auf. Im Mittelpunkt seines Engagements steht schon bald das junge Talent Egon Schiele. Regelmäßig bespricht er dessen ausgestellte Werke, stellt Kontakte zu potenziellen Auftraggebern her und erweist sich ganz allgemein als reger Promoter für Schieles Kunst. Er ist es auch, der Schiele mit dem Verleger Eduard Kosmack, einem Neffen des Malers Adolf Hölzel, bekannt macht. Schnell entsteht zwischen den drei Männern eine Freundschaft, die

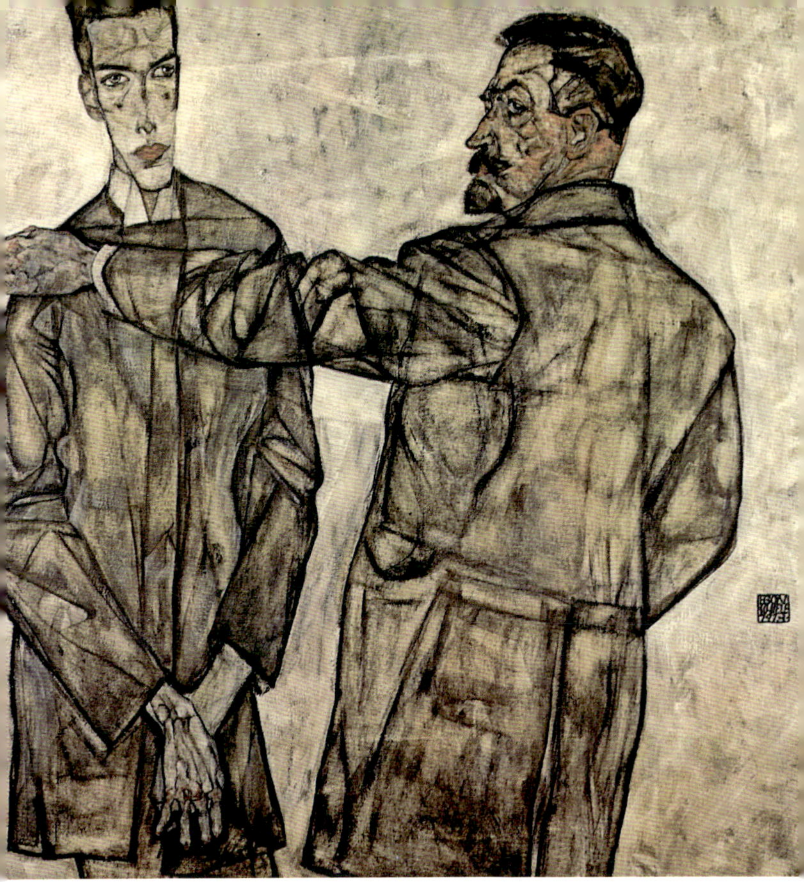

Doppelbildnis (Heinrich Benesch und sein Sohn Otto), 1913, Öl auf Leinwand, 121 × 131 cm

Das große Doppelporträt zeigt den Eisenbahninspekteur Heinrich Benesch und seinen Sohn Otto, den späteren Direktor der Albertina. 1910 lernt Schiele Benesch kennen, der zum glühenden Verehrer seiner Kunst wird und trotz seiner eher bescheidenen finanziellen Möglichkeiten eine kleine Sammlung aufbaut. Des Öfteren beklagt sich Benesch im seinen Briefen an den Künstler, dass er sich im Vergleich mit anderen Auftraggeber vernachlässigt fühle. Schließlich malt ihm Schiele trotz des schmalen Budgets dieses repräsentative Bildnis.

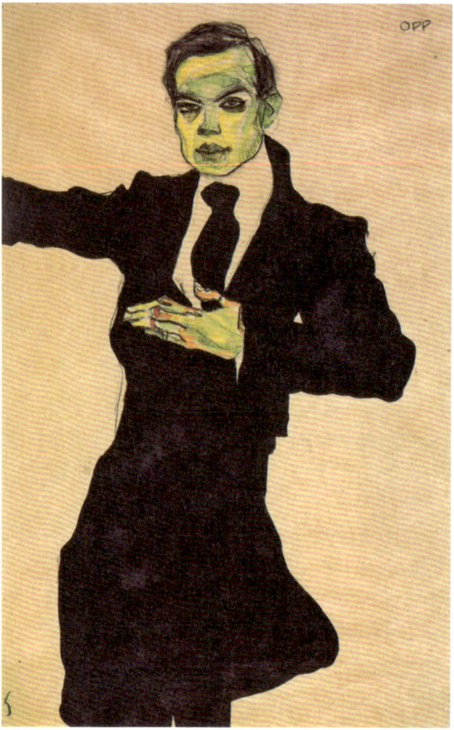

Der Maler Max Oppenheimer, 1910, schwarze Kreide, Tusche und Aquarell auf Papier, 45 × 29,9 cm

sich auch in dem Porträt Kosmacks von Schiele ausspricht. Nach dem plötzlichen Tod des Künstlers im Oktober 1918 lässt sich Roessler von den Familienangehörigen alle Rechte an den Texten und Briefen Schieles sowie zum Abdruck seiner Werke übertragen und gibt 1921 eine Auswahl von Briefen und Prosa heraus. So setzt er sich auch noch posthum für Schiele ein und versucht, dessen Lebenswerk in der Kunstgeschichte zu verankern. Heute weiß man allerdings, dass Roessler aus Eitelkeit einige Textpassagen zum persönlichen Verhältnis zwischen ihm und dem Künstler manipuliert hat. Ein später publiziertes, vermeintliches Tagebuch Schieles aus dem Gefängnis wurde vermutlich sogar ausschließlich von Roessler verfasst!

Die Freundschaft mit dem Maler Max Oppenheimer (1885–1954), mit dem sich Schiele zeitweilig ein Atelier teilt, und die Auseinandersetzung mit den Arbeiten Oskar Kokoschkas treiben seine Entwicklung vom Jugendstil zum **Expressionismus** * voran. Die Intensität dieser Zeit vermittelt sich in den Erinnerungen von Max Oppenheimer: „Zwischen den beiden Stühlen und den drei Staffeleien in meinem Atelier stand plötzlich ein junger Mann. Die dunklen Augen seines kahlgeschorenen Asketenkopfes sahen mich unverwandt an. [...] Zwei Tage und drei Nächte blieben wir beieinander, durchstreiften die Vorstädte und das Hügelgelände und gaben unseren letzten Kreuzer für ein Glas Milch am Morgen. Wir ergründeten alle Probleme der Kunst, denn wir waren jung: er achtzehn, ich dreiundzwanzig. Monate malten wir nebeneinander, standen einander Modell und teilten Not und Farben." Schiele, Oppenheimer und Kokoschka – alle drei Künstler rucken in dieser Zeit den Menschen in den Mittelpunkt ihres künstlerischen Interesses und entwerfen radikale Porträts und Figurenbilder. Nicht vordergründige Naturnähe, sondern neue, in ihrer Wirkung oftmals verstörende Ausdrucksmöglichkeiten für Seelenzustände wie Angst, Einsamkeit oder Bedrängnis prägen ihre Arbeiten. Mit geradezu seismografischer Sensibilität reagieren sie auf das von politischen und gesellschaftlichen Spannungen aufgeladene Wien. Oskar Kokoschka (1886–1980) erinnert sich später an das merkwürdig schwankende Lebensgefühl dieser Vorkriegszeit: „Die Menschen lebten in Sicherheit, obwohl alle Angst hatten. Ich spürte das hinter ihrer kultivierten Lebensweise [...] und ich malte sie in ihrer Angst und ihrem Schmerz."

---

* **EXPRESSIONISMUS** *Ab 1911 werden mit diesem Begriff künstlerische Erscheinungen charakterisiert, die „nach sichtbarem Ausdruck der inneren seelischen Empfindung ringen" (Richard Reiche). Diese neue „Ausdruckskunst" beschränkt sich nicht auf Malerei, Grafik oder Skulptur, sondern wird auch in der Literatur, in Film, Theater und Tanz sowie in der Architektur erkennbar. Bekanntheit erreichten vor allem die beiden avantgardistischen Künstlervereinigungen Die Brücke und Der Blaue Reiter.*

Expressionisten im „El-Greco-Fieber“

„El Greco kommt wie der Blitz“, schreibt der berühmte Kunstschriftsteller Julius Meier-Graefe in seinem 1910 veröffentlichten Buch *Spanische Reise* und fasst damit ein erstaunliches Phänomen in ein treffendes Bild: Die Wiederentdeckung des Malers El Greco (1541–1614) vollzieht sich in der deutschsprachigen Kunstszene um 1910 mit enormer Wucht. Ob im Kunsthandel oder im Ausstellungsbetrieb, in Briefen, Reiseberichten oder Künstlergesprächen – überall ist der spanische Maler griechischer Herkunft plötzlich gegenwärtig. Über einen zeitlichen Abstand von drei Jahrhunderten hinweg erkennt die Generation der Expressionisten in ihm einen ihrer direkten Vorläufer. Die jungen Künstler sind beeindruckt von der Dramatik seiner monumentalen Kompositionen im flackernden Hell-Dunkel und den ekstatischen Heiligendarstellungen mit ihren überstreckten Körpern. Im 1912 veröffentlichten Almanach *Der Blaue Reiter* kommt Franz Marc direkt auf der ersten Seite auf El Greco zu sprechen und hält fest, dass „die Glorifikation dieses großen Meisters in engstem Zusammenhang mit dem Aufblühen unserer neuen Kunstideen steht“.

Julius Meier-Graefe, 1906, Radierung von Johann Lindner

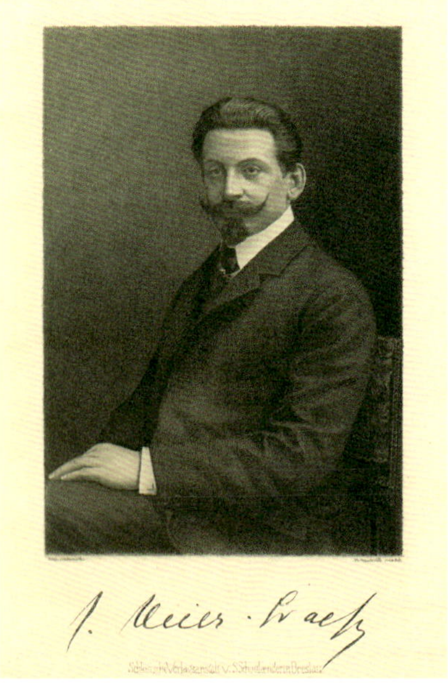

Einige Bilder El Grecos aus der ungarischen Privatsammlung Nemes gehen zwischen 1910 und 1912 auf Reisen und werden im Museum der Bildenden Künste in Budapest, in der Alten Pinakothek in München und in der Kunsthalle Düsseldorf ausgestellt. In München und Budapest hatte Schiele Gelegenheit, diesen Werken im Original zu begegnen. Die

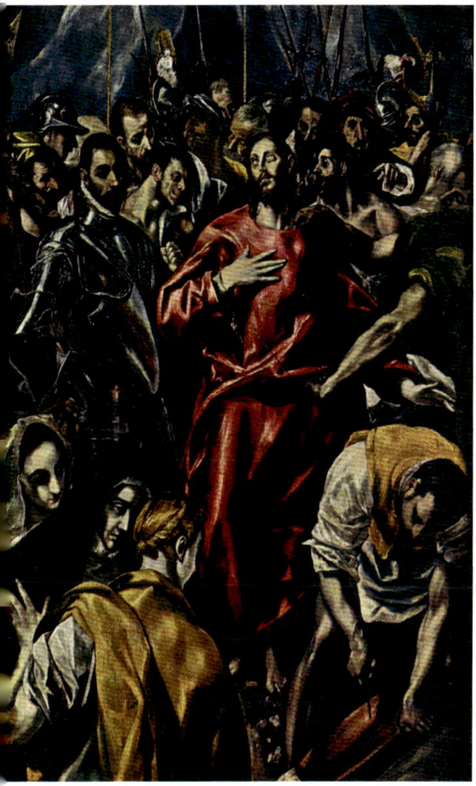

El Greco, **Entkleidung Christi,** 1580/1595,
Öl auf Leinwand, 98,8 × 65 cm

Galerie Miethke und das Kaiserliche Hofmuseum in Wien besitzen je ein Bild des gegenreformatorischen Malers. Und auch in der berühmten Sonderbund-Ausstellung in Köln (1912), in der Schiele vertreten war, hingen vermutlich ein oder zwei Gemälde El Grecos zwischen all den zeitgenössischen Werken.

Die Beschäftigung mit religiösen Themen, die Betonung von Gestik und Mimik, das Experiment mit anatomisch unmöglichen Körperhaltungen und bizarren Überstreckungen, die Betonung des Faltenwurfs in verschiedenen Gewändern und Tüchern sowie die Wahl starker Signalfarben – all diese Entwicklungen in Schieles Malerei speisen sich auch aus der Auseinandersetzung mit El Greco. Vor allem aber für das eigene Selbstverständnis als Künstler wird der Manierist zum Vorbild: So wie dieser sich durch seinen Antinaturalismus als Visionär erweist, so möchte auch Schiele eine Bildsprache finden, die nicht die äußere Erscheinung, sondern ein inneres Sehen widerspiegelt.

Im November 1911 schließt sich Schiele der in München neu gegründeten Künstlergruppe Sema (griech. für „Zeichen“) an. Der Maler Paul Klee, ebenfalls Mitglied, fasst die kurze Phase der Zusammenarbeit rückblickend lakonisch zusammen: „In diesem hübschen Klübchen waren wir ein paarmal zusammengekommen und waren uns über El Greco einig und darüber, dass wir alle kein Geld hatten.“ Als Klee in den Kreis des Blauen Reiters wechselt, löst sich die Gruppe bald auf. Zuvor erscheint jedoch im Delphin-Verlag noch eine Mappe mit 15 Lithografien der Sema-Mitglieder – darunter die allererste druckgrafische Arbeit von Egon Schiele: ein Selbstakt.

Im Januar 1912 stellt Schiele noch einmal mit der Neukunstgruppe im Budapester Künstlerhaus aus. Organisator der Schau ist das Multitalent Albert Paris Gütersloh (1887–1973), der bereits bei Max Reinhardt am Deutschen Theater als Schauspieler debütiert und 1911 seinen expressionistischen Roman *Die tanzende Törin* veröffentlicht hat, sich gleichzeitig aber auch als Maler einen Namen machte. Nach der Ausstellung löst sich die Künstlergruppe aufgrund anhaltender interner Zwistigkeiten auf. Für Egon Schiele ergeben sich interessante Kontakte nach Deutschland. Im Frühjahr 1912 ist er in der zweiten Ausstellung des Blauen Reiters in der Münchner Kunsthandlung Hans Goltz vertreten. Weitere wichtige Ausstellungsbeteiligungen in Deutschland – etwa im Folkwang Museum in Hagen und in der berühmten Sonderbund-Ausstellung in Köln – folgen noch im selben Jahr. Dennoch lassen die Verkäufe zu wünschen übrig, und damit bleibt das Geldproblem für Schiele immer virulent. Für seine Zeichnungen kann er in dieser Zeit etwa für 40 bis 50 Kronen bekommen. Um eine eigene Ausstellung zu finanzieren, benötigt er für die Rahmungen seiner Bilder, die Vorbereitung der Räume, die Einladungen und das Porto etwa 500 Kronen. Von seinem Lebensunterhalt, der Miete für das Atelier und seinen Malutensilien ganz zu schweigen. Immer wieder muss Schiele seine Gönner anschreiben und sie regelrecht um Ankäufe bitten, um den nächsten Monat über die Runden zu kommen. Auch mit seiner öffentlichen Präsenz in der Kunstszene

Schiele, ein Aktmodell vor dem Spiegel zeichnend, 1910, Bleistift auf Papier, 55,2 × 35,3 cm

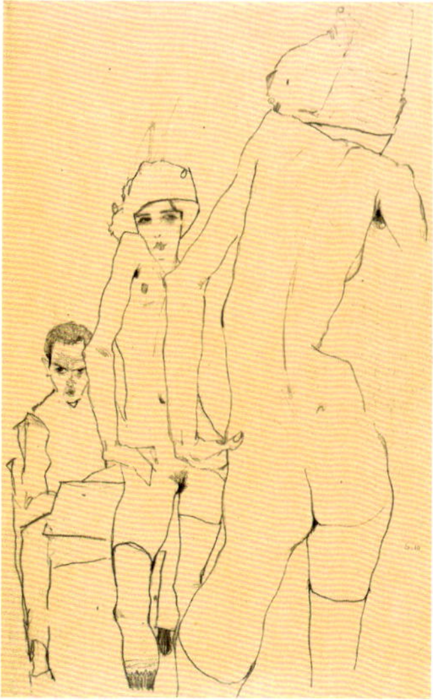

Wenn ich mich ganz sehe, werde ich mich selbst sehen müssen, selbst auch wissen, was ich will, was nicht nur vorgeht in mir, sondern wie weit ich meine Fähigkeiten habe zu schauen, welche Mittel meine sind, aus welchen rätselhaften Substanzen ich zusammengesetzt bin, aus wie viel von dem mehr, was ich erkenne, was ich an mir selbst erkannt habe bis jetzt.

Egon Schiele, 1911

ist er nicht zufrieden. „[...] ich begnüge mich ja mit Pisko“, schreibt er im Januar 1911 an Roessler, „mir ist alles gleich, obwohl meine Wertigkeit woanders hingeht, ich sollte die Sezession kriegen.“ Erst im März 1918, einen Monat nach dem überraschenden Tod von Gustav Klimt, sollte es dann so weit sein: Schiele bekommt eine Einzelausstellung in der Wiener Secession, die auch finanziell überaus erfolgreich ist. Nur ein halbes Jahr kann er den Triumph genießen, dann ereilt auch ihn der Tod.

DAS WENDEJAHR

Anfang 1910 rückt für Schiele das Wesen des Menschen immer stärker in den Fokus – seine unkontrollierbaren Triebe und Sehnsüchte, seine Scham und seine innere Einsamkeit. Es entstehen zahllose Zeichnungen, Aquarelle und Gemälde mit Aktdarstellungen und Porträts, die ganz anders sind als alles, was er vorher gemacht hat. In dieser Phase des Experiments ist seine damals 16-jährige Schwester Gerti, der sich Egon von jeher besonders nahe fühlt, sein wichtigstes Modell. In erstaunlicher Offenheit posiert sie für ihren Bruder und schlüpft in unterschiedliche Rollen, als junge Dame, angetan mit Modeentwürfen für die Wiener Werkstätte, aber auch als Aktmodell.

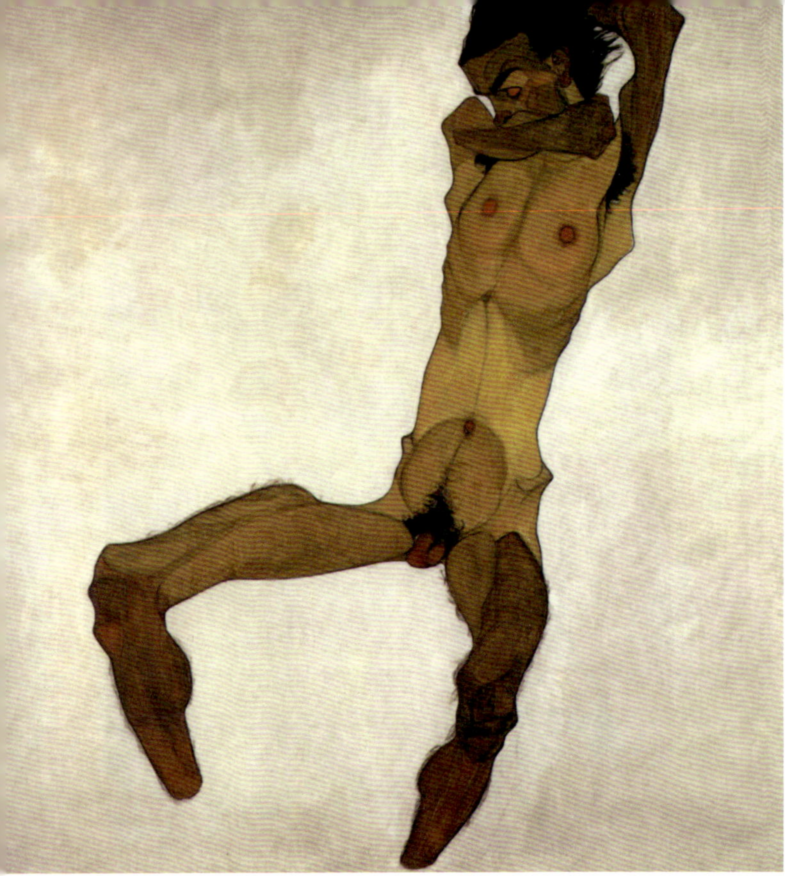

Sitzender männlicher Akt (Selbstbildnis), 1910,
Öl und Gouache auf Leinwand, 152,5 × 150 cm

Mithilfe von Spiegel und Fotografie intensiviert Schiele aber auch die Wiedergabe des eigenen Körpers und der eigenen Physiognomie. Selbstporträts und Selbstakte machen einen erheblichen Anteil seiner Bildproduktion aus. Auch hier scheut er vor extremen Posen, völliger Entblößung, erschreckenden Fragmentierungen und entstellenden Fratzen nicht zurück. Seine engsten Freunde und zeitweiligen Atelierkollegen, Max Oppenheimer und der Gelegenheitskünstler und Schauspieler Erwin Dominik Osen, tauchen auf seinen Blättern ebenfalls in wechselnden Rollen auf, als morbider Dandy, als arroganter Aristokrat oder leidender Asket. Schiele geht es dabei nicht um eine porträthafte Erfassung der jeweiligen Person, sondern um die Möglichkeiten ihrer theatralischen Inszenierung. Mit bizarr verkanteten Umrisslinien sowie grellen Farben – Grün, Gelb, Orange oder Rot – findet der Zeichner zu einer völlig neuen Bildsprache, die in ihrer direkten Emotionalität, ihrer Aggressivität und Radikalität unmittelbar berührt. Die körperliche Nacktheit korrespondiert dabei mit einer offengelegten seelischen Verletzlichkeit. Mit gleichermaßen sicherem wie fragilem Strich umreißt Schiele die Figuren, die zumeist ohne jede Andeutung eines Raumes oder einer Umgebung auf dem Blatt positioniert sind. In Abgrenzung von seinem Vorbild Gustav Klimt gibt es in seinen Bildern auch keinen ornamental gestalteten Hintergrund. Stattdessen wirken seine Figuren haltlos und ortlos. Häufig aus leichter Aufsicht, manchmal aber auch in nahsichtiger Frontalität festgehalten, liefert Schiele die Dargestellten den forschenden Blicken des Betrachters geradezu aus. Ihre Nacktheit wird dabei als bewusste Freilegung des Leibes inszeniert, auch unter gnadenloser Exposition des Geschlechts. Die Körper wirken kantig, knochig, ja bisweilen sogar ausgemergelt. Teilweise brutal zum **Torso*** beschnitten, erscheinen sie in ihren schmerzhaften Verrenkungen oder krampfhaften Verspannungen gefangen. Ein unruhiges, fleckiges **Inkarnat*** unterstreicht

---

* *Als* **TORSO** *(lat. tursus, Stumpf) bezeichnet man eine unvollständig erhaltene oder unvollendete Statue, meist mit abgebrochenem Kopf oder fehlenden Gliedmaßen. In der Moderne wird dies zu einer bewusst eingesetzten Form, um die Bruchstückhaftigkeit der menschlichen Existenz oder den nie abgeschlossenen künstlerischen Prozess anschaulich zu machen.*

* *Das* **INKARNAT** *(lat. carnis, Fleisch) ist der Farbton, der in der Malerei für die menschliche Haut verwendet wird. Zumeist ein mit Weiß aufgehellter Rotton, der jedoch in verschiedenen Epochen unterschiedlich leuchtend oder blass angelegt wurde.*

den Eindruck von Gefährdung oder gar Verletzung. Verzerrte Gesichter, eine exaltierte Gestik, überlange Gliedmaßen und eine manchmal hinter den Figuren aufflackernde weiße Aura erzeugen Gefühle von Fremdheit, Unzugänglichkeit und innerer Anspannung. Fasziniert ist Schiele von stilisierten Schattenspielfiguren aus Java in der Sammlung Arthur Roesslers. Er erkennt die groteske Ausdruckskraft der Figuren und versucht sich an vergleichbaren Vereinfachungen in der Wiedergabe der menschlichen Physiognomie.

> **Lachen, wo's mir im Innersten tief schmerzt, ist eine Gebärde des Darstellenkönnens.**
>
> Egon Schiele, 1912

Um die Wende vom 19. zum 20. Jahrhundert widmen sich Wissenschaftler unterschiedlicher Disziplinen der Erforschung des Menschen auf allen Ebenen. So ermöglicht das Röntgenverfahren erstmals bis dahin unvorstellbare Blicke in das Innere des Körpers. Mediziner wie Künstler sind von diesen neuen Bildern gleichermaßen fasziniert. Gleichzeitig wächst das Interesse an unterschiedlichen seelisch-psychischen Befindlichkeiten, auch und gerade an pathologischen Symptomen. Psychische Erkrankungen werden systematisch erforscht. Noch während seines Studiums sieht Schiele die Fotografien des berühmten französischen Neurologen Jean-Martin Charcot, die Mitte des 19. Jahrhunderts zur Dokumentation seiner Arbeit mit sogenannten Hysterikerinnen entstanden. Einige davon kann er bei dem Anatomieprofessor Hermann Heller sehen. Auch die Zeichnungen, die Erwin Dominik Osen in der „Landesirrenanstalt" am Steinhof von den Patientinnen und Patienten im Auftrag des Arztes Dr. Kronfeld für einen Vortrag anfertigt, wirken auf Schiele inspirierend. Wie sieht es aus, wenn Menschen ihren Gefühlen ohne jeden anerzogenen Filter Ausdruck verleihen? Wie äußern sich Angst, Zorn, Scham oder Erregung?

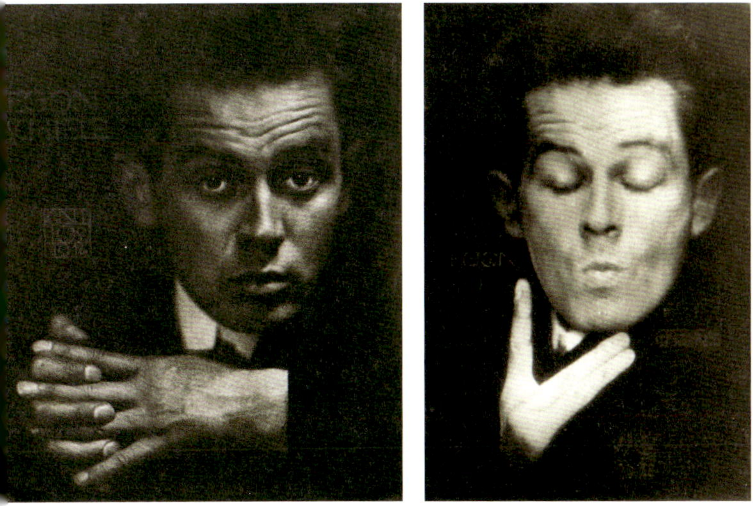

Egon Schiele, 1914, Fotografien von Anton Josef Trčka

Wie zeichnen sich Irrsinn und Wahn im Gesicht ab? Nicht nur das Selbstporträt, auch die Fotografie bietet Schiele ein Experimentierfeld für intensive Selbstversuche mit Mimik und Gestik: Der tschechische Fotograf Anton Josef Trčka, genannt Antios, lichtet ihn in expressiven Posen ab – mit Stirnfalten und abgespreizten Fingern.

Inspiration Tanz

Eine ausdrucksstarke Gestik mit Verrenkungen, Überstreckungen und Verwindungen charakterisiert ab etwa 1910 die Akte und Figurenbilder von Egon Schiele. Die Körper selbst scheinen in seinen Bildern zu sprechen – von Sehnsüchten und Verletzungen, von Leidenschaft und Einsamkeit. Was mag Egon Schiele bei der Entwicklung dieser unverwechselbaren Bildsprache inspiriert haben? Da ist zunächst der (Stumm-)Film, ein damals noch brandneues Medium, das die Menschen ungeheuer begeistert und fasziniert. In den Jahren vor dem Ersten Weltkrieg herrscht in Wien ein regelrechter Kinoboom. Überall eröffnen neue Lichtspielhäuser, allein sechs gibt es 1908 im Prater, wo sich Schiele zu dieser Zeit häufig aufhält. Die exzentrische Körpersprache der Schauspieler und Pantomimen begegnet dem jungen Künstler auch im Kontakt mit seinem Studienfreund Erwin Dominik Osen (1891–1970). Dieser hatte als Kind Ballettunterricht und ist häufig auf Varietébühnen zu sehen, manchmal zusammen mit Moa, einem von Schiele besonders geschätzten Modell. Mehrfach hält er Osen in expressiven Posen fest.

Erwin Dominik Osen und Moa Mandu bei einer gemeinsamen Darbietung um 1910

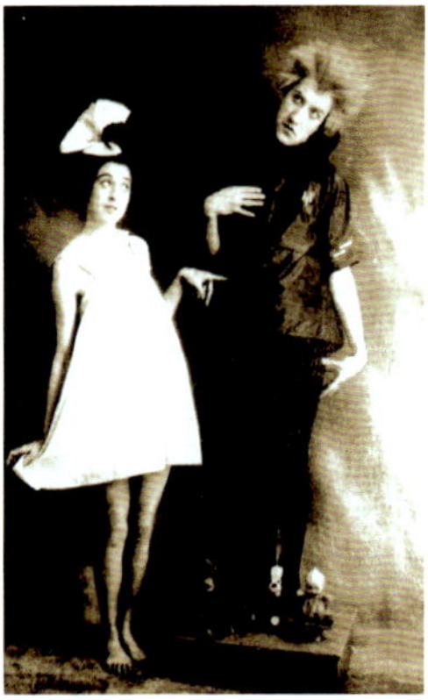

Schieles Leidenschaft gilt dem modernen Tanz. Es gibt in Wien immer wieder Gastspiele bedeutender Tänzerinnen zu sehen, besonders hingerissen ist er von Ruth Saint Denis (1879–1968), die im Januar 1907 und im Februar 1908 auf ihrer Europatournee im Ronacher Theater auftritt. Es soll sogar zu einer kurzen Liebesaffäre zwischen dem damals 16-Jährigen und der über zehn Jahre älteren Amerikanerin gekommen sein.

Zuvor hat Ruth Saint Denis in Berlin für Furore gesorgt. Harry Graf Kessler führt sie in die intellektuellen Zirkel der Stadt ein, macht sie mit dem Dramatiker Gerhart Hauptmann und dem Regisseur Max Reinhardt bekannt. Der Schriftsteller Hugo von Hofmannsthal ver-

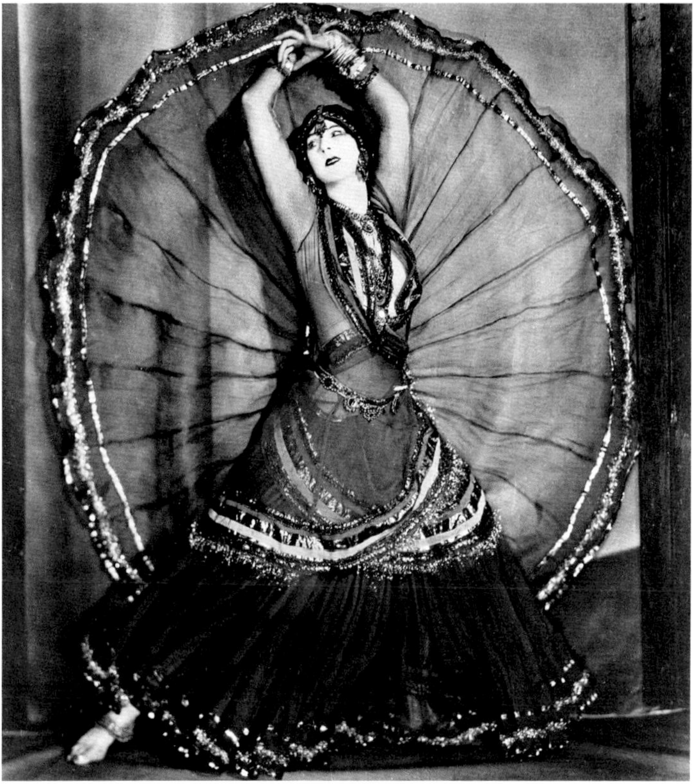

Ruth Saint Denis während eines Auftritts um 1905

ehrt sie als „unvergleichliche Tänzerin“, die selbstbewusst für eine grundlegende Aufwertung des Tanzes als Kunstgattung steht. Gleichberechtigt soll sich der moderne Tanz neben Dichtung, Malerei oder Philosophie behaupten. Denn Ruth Saint Denis betont die spirituelle Dimension des Tanzens als nonverbale Kommunikation mit dem Göttlichen. Dieser messianische Anspruch trifft sich mit den damaligen Vorstellungen einer neuen „Kunstreligion“ und mit dem Bild vom Künstler als Visionär. Nicht Schönheit oder Perfektion, sondern Authentizität und Ausdruckskraft sind die besonderen Qualitäten einer Tänzerin wie Ruth Saint Denis. Egon Schiele musste eine Art Seelenverwandtschaft zu ihr spüren. Das, was ihr auf der Bühne gelang, sollte ihm auf dem Papier möglich werden.

Expressionistischer Durchbruch

GRENZGÄNGE

Die Suche nach immer neuen Modellen, die sich von Schiele nackt in allen möglichen Posen und Rollen zeichnen lassen, führt den Künstler in die Randgebiete der Gesellschaft. Wien gilt zu dieser Zeit als europäische Hauptstadt der Prostitution. Viele Frauen, vor allem unter den Zuwanderern aus Osteuropa und aus dem proletarischen Milieu, bieten sich schon in sehr jungen Jahren auf der Straße an, zumal die sexuelle Mündigkeit in Österreich juristisch bereits mit 14 Jahren erreicht ist. Das 1906 in Wien erschienene Buch *Josefine Mutzenbacher oder die Geschichte einer Wienerischen Dirne* von einem anonymen männlichen Autor beschreibt die bitter-traurigen Verhältnisse, in denen ein Kind zunächst im engeren persönlichen Umfeld missbraucht und schließlich in die Prostitution gedrängt wird. Auch in Schieles Atelier finden sich solche Kinder aus ärmsten Verhältnissen. Es sind immer „zwei, drei kleinere, größerer Kinder aus der Nachbarschaft, von der Straße, angesprochen im nahen Schönbrunner Park, häßliche, hübsche, gewaschene, aber auch ungewaschene, [die] in seinem Atelier herumsaßen und nichts taten [...] Sie schliefen, erholten sich von elterlichen Prügeln, räkelten sich faul, was sie daheim nicht durften, kämmten sich ein bißchen oder länger, je nach kurzem oder verwirrtem Haar, streiften den Rock hinab oder hinauf, knüpften oder lösten das Schuhband. Und all das taten sie, wenn man es ein Tun nennen darf,

Zwei Gassenbuben, 1910, Gouache, Bleistift und Aquarell auf Papier, 39,1 × 32,1 cm

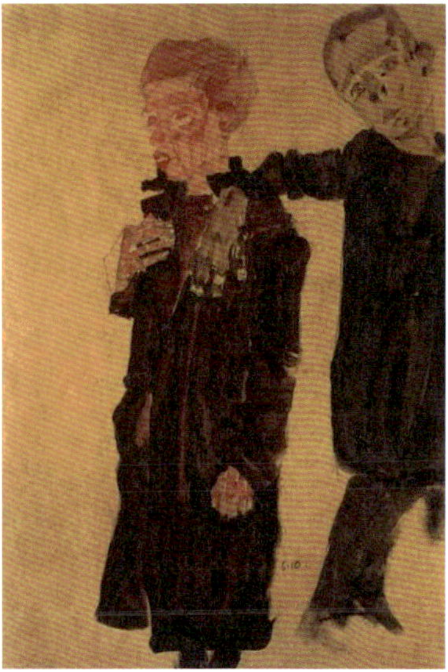

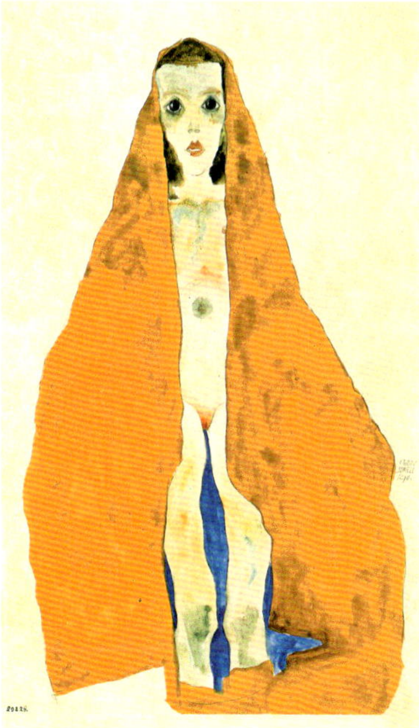

Nacktes Mädchen in gelbem Mantel, 1911, Bleistift und Aquarell auf Papier, 46,5 × 29,2 cm

weil sie sich selbst überlassen waren wie Tiere in einem Käfig [...]" In diesen Erinnerungen des Malerkollegen und Freundes Albert Paris Gütersloh wird nur sehr zaghaft angedeutet, was die Zeitgenossen Schieles aufbrachte und was auch heute schwer zu ertragen ist: Manche der Kinder, zu etwa gleichen Teilen Mädchen und Jungen, hoben nicht nur ihre Röcke, sie zogen sich aus und ließen sich nackt zeichnen oder malen. Schiele zeigt ihre Körper in ihrer Zartheit und Zerbrechlichkeit, er zeigt sie teilweise gezeichnet von Armut, Hunger und Gewalt. Man spürt oft genug die tiefe Hoffnungslosigkeit der Kinder, manchmal auch eine gewisse Ergebenheit in die eigene Situation, die auch für die Zukunft nicht sonderlich viel Ermutigendes verspricht. Insofern verleiht Schiele diesen übersehenen und missachteten Kindern ein Gesicht. Gleichzeitig spiegeln die Zeichnungen jedoch auch ein ungutes Machtgefälle zwischen dem damals durchaus schon bekannten Künstler und seinen kindlichen Modellen aus prekären Elternhäusern. Gesellschaftlich und individuell schutzlos, sind sie den begehrlichen, besitzergreifenden Blicken der Betrachter ausgeliefert.

Durch Monate war er damit beschäftigt, Proletarierkinder zu zeichnen und zu malen. Ihn faszinierten die Verwüstungen der schmutzigen Leiden, denen diese an sich Unschuldigen ausgesetzt sind.

Arthur Roessler, 1911

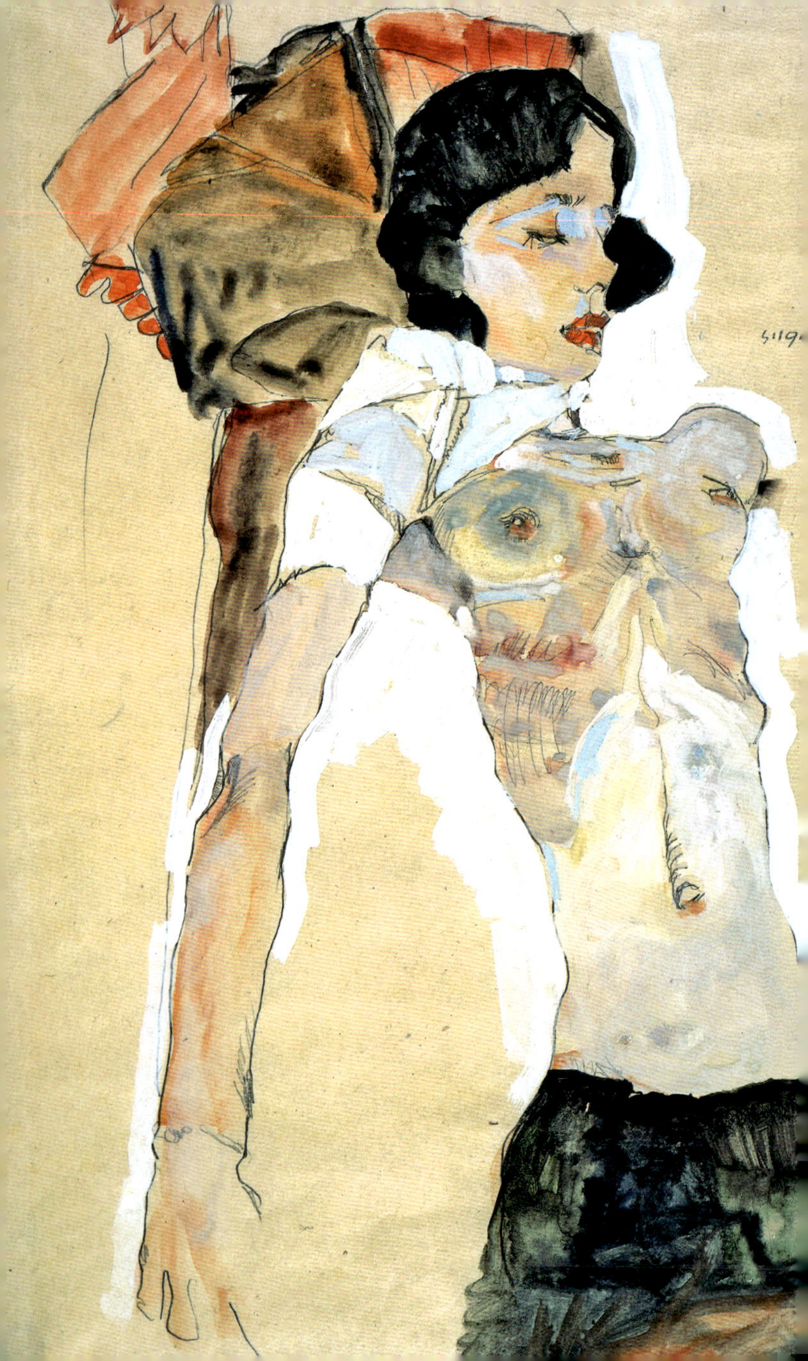

Liegendes, halbbekleidetes Mädchen, 1911, Bleistift, Aquarell und Gouache auf Papier, 45,9 × 31,1 cm

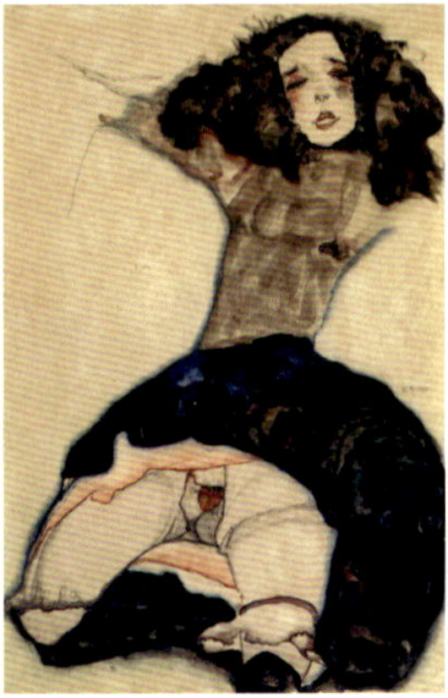

Auch mehrere etwas ältere, schwarzhaarige Mädchen, deren Identität unbekannt bleibt und die Schiele 1911 in immer expliziteren erotischen Posen zeichnet, kommen vermutlich aus diesem Milieu. Er arrangiert sie zunächst durchaus nach den Gesetzmäßigkeiten der damals prosperierenden Pornografie: Kleidung unterstreicht das erotische Spiel der Enthüllung, Strümpfe und Schuhe entwickeln zugleich einen fetischartigen Charakter, bizarre Stellungen fragmentieren den Körper und lenken den Blick auf die Genitalien, Liebesspiele zwischen Mädchen oder Darstellungen masturbierender Frauen vermitteln dem männlichen Betrachter das Gefühl, heimlicher Zeuge einer zügellos ausgelebten weiblichen Sexualität zu sein. Allerdings entlarvt die Blickführung der Modelle oftmals die erotischen Szenen als Versuchsaufbau und macht sie als das kenntlich, was sie sind: vom Künstler inszenierte Intimitäten.

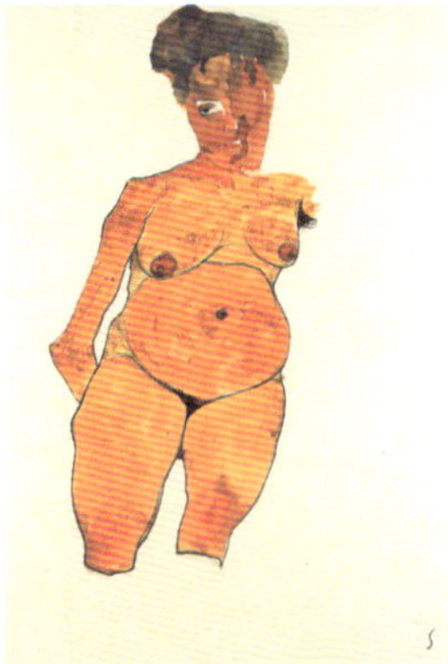

Schwarzhaariges Mädchen mit hochgeschlagenem Rock, 1911, Bleistift, Aquarell und Gouache auf Papier, 55,9 × 37,8 cm

Akt einer Schwangeren, 1910, Gouache, Aquarell, Kohle auf Papier, 45,1 × 31,7 cm

Schiele sucht die Extreme: Geburt und Tod – Anfang und Ende des menschlichen Lebens ziehen ihn an. Im Jahr 1910 ermöglicht ihm der Gynäkologe Erwin von Graff Zugang zu einigen seiner Patientinnen in der Frauenklinik der Universität Wien – als Gegengabe erhält er ein Ölbild des Künstlers. Schiele sieht sich Geburten an und aquarelliert hochschwangere Frauen, die im Studienhörsaal vorgestellt werden. Oftmals bleiben ihre Gesichter unkenntlich, manche blicken ernst, resignativ oder unterschwellig zornig auf Künstler und Betrachter. Es sind keine die

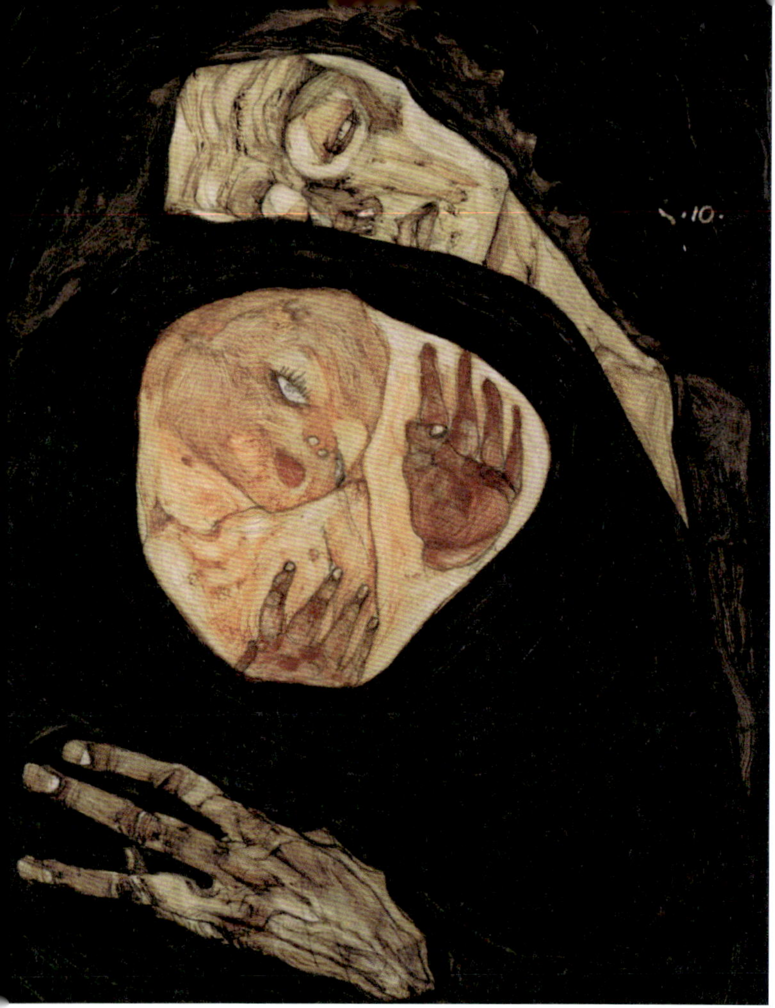

Tote Mutter (I), 1910, Öl und Bleistift auf Holz, 32,4 × 25, cm

Leben und Tod liegen nebeneinander: Gefangen im Leib der Mutter, wirkt das Ungeborene in der beengenden Fruchthülle isoliert und existenziell gefährdet. Während die Schwangere ins Dunkel gehüllt und vom Tod gezeichnet ist – unter ihrer Haut wird wie in einem Röntgenbild das Knochengerüst sichtbar – ist das Kind deutlich vital.

Mutterschaft verklärenden Bilder, sondern sie zeigen die Beschwernis der Schwangerschaft, die für diese Frauen oft genug auch eine große Lebenslast bedeutet. Denn die Mehrzahl der Patientinnen, die sich für öffentliche Untersuchungen zur Verfügung stellen, gehören zu den Ärmsten, und viele kommen aus dem Milieu, in dem Schiele auch künftig den Hauptteil seiner Modelle findet: aus der Prostitution.

Ich möchte fort von Wien, ganz bald. Wie häßlich es hier ist – Alle Leute sind neidisch zu mir und hinterlistig; ehemalige Kollegen schauen mit falschen Augen auf mich.

Egon Schiele, 1911

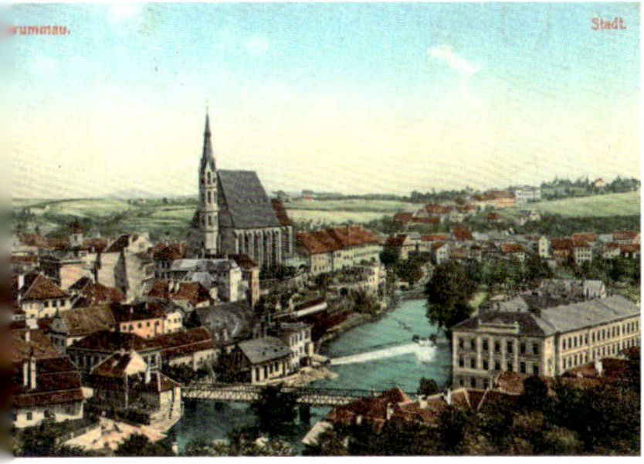

Krumau, Ortsansicht mit Moldau, 1900

FLUCHT AUS WIEN

Die Vorstellung, ein freieres, alternatives Leben in ländlicher Umgebung führen zu können, treibt Schiele schon 1910 um. Im Mai dieses Jahres reist er zusammen mit Erwin Dominik Osen und Anton Peschka ins gut 200 Kilometer entfernte Krumau, ein pittoreskes mittelalterliches Städtchen an der Moldau. Nicht zuletzt drückende Schulden sowie der Versuch seines Vormundes, ihn zum Eintritt ins Militär zu bewegen, befördern die sommerliche Flucht aus Wien. Dort, in Krumau, dem Geburtsort seiner Mutter, begeistern ihn die dicht gedrängten, windschiefen Häuser. Mehrfach malt er die „tote Stadt", menschenleer, morbide und düster. Es ist eine produktive Zeit zusammen mit den Künstlerfreunden.

Nach einem Intermezzo in Wien – Leopold Czihaczek hat sich mittlerweile von seiner Aufgabe als Vormund entpflichten lassen und wird zukünftig auch keine finanzielle Unterstützung mehr gewähren –

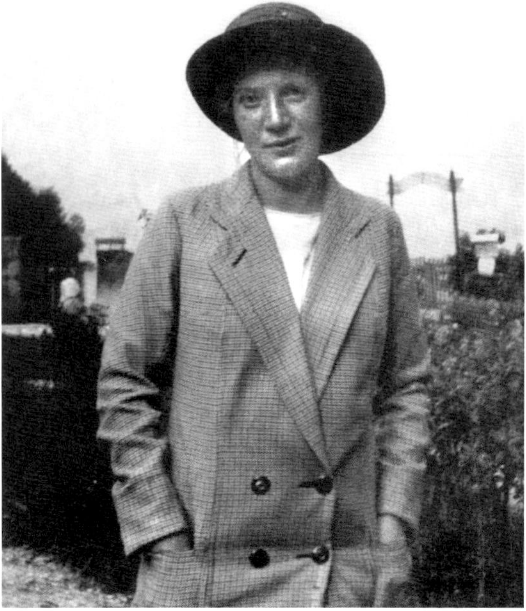

Wally Neuzil, 1913, Fotografie von Arthur Roessler am Traunsee

zieht es Schiele auch im darauffolgenden Mai wieder nach Krumau. Er plant nun, sich dauerhaft dort niederzulassen, und reist dieses Mal in Begleitung einer jungen Frau, die in den kommenden Jahren eine wichtige Rolle in seinem Leben spielen soll: Wally Neuzil. Schiele hat sie wohl als Modell im Atelier von Gustav Klimt kennengelernt. Walpurga, so ihr Taufname, musste sich als uneheliches Kind einer Tagelöhnerin schon früh allein durchschlagen. Als Kassiererin, Verkäuferin oder Vorführdame in einem Modegeschäft, immer am Rande des Existenzminimums lebend, gerät sie in die Wiener Künstlerszene. Schnell wird sie Schieles bevorzugtes Modell und ebenso schnell seine Geliebte. Nun zieht sie mit ihm von Wien nach Südböhmen. Die erste Zeit dort verläuft ganz nach Schieles Vorstellungen. Er arbeitet ohne Unterlass, zeichnet Kinder, alte Frauen und immer wieder Wally. Dass die beiden unverheiratet zusammenleben und den sonntäglichen Kirchgang auslassen, führt jedoch zu Spannungen in der Nachbarschaft. Der Künstler und seine junge Freundin werden

Den Künstler hemmen ist ein Verbrechen, es heisst keimendes Leben morden!

Egon Schiele, 1912

zum Ärgernis, die Stimmung im Ort ist bald vergiftet. Als eines Tages ein junges nacktes Modell im Garten gesehen wird, eskaliert die Situation. Schiele und Wally müssen die Stadt verlassen. Doch die Rückkehr nach Wien ist nur von kurzer Dauer. Schon im August desselben Jahres ist ein neues Domizil gefunden: In Neulengbach, etwa 35 Kilometer westlich von Wien gelegen, mietet Schiele ein kleines, allein stehendes Haus mit Garten und ist begeistert. Der Ausblick von dort auf Wald und Felder ist herrlich, die Lebensbedingungen sind ideal. Vier Tage nach dem Einzug feiert Wally dort ihren 17. Geburtstag. Es ist eine glückliche Zeit für Schiele und auch für Wally, die sich als verlässliche Freundin erweist.

KRISE UND GEFÄNGNIS

Auch in Neulengbach wird Schieles unkonventionelle Lebensführung als skandalös empfunden, und auch hier reibt man sich daran, dass in seinem Haus ständig Modelle im Kindes- und Jugendalter ein- und ausgehen. Neun Monate nach der Ankunft, am 13. April 1912, wird Schiele überraschend festgenommen. Man beschuldigt ihn, ein minderjähriges Mädchen, die 14-jährige Tatjana von Mossig, Tochter eines pensionierten Marineattachés, entführt und missbraucht zu haben. Der Skandal spricht sich schnell bis Wien herum. Carl Reininghaus, Schieles Mäzen, vermittelt ihm einen Anwalt, und Heinrich Benesch besucht ihn mehrfach im Gefängnis. Vor allem aber unterstützt ihn Wally, die nie einen Zweifel an seiner Unschuld hat. Nach dreiwöchiger, für Schiele quälender Untersuchungshaft wird im Kreisgericht St. Pölten die Verhandlung eröffnet. Die beiden Hauptanklagepunkte werden nach einer ärztlichen Untersuchung des Mädchens fallen gelassen, obwohl sich das Kind tatsächlich mehrere Tage ohne das Wissen der Eltern in Schieles Haus aufgehalten und Wally und Egon sogar auf eine Reise nach Wien begleitet hat. Wegen einer für die in seinem Atelier anwesenden Kinder sichtbar an der Wand

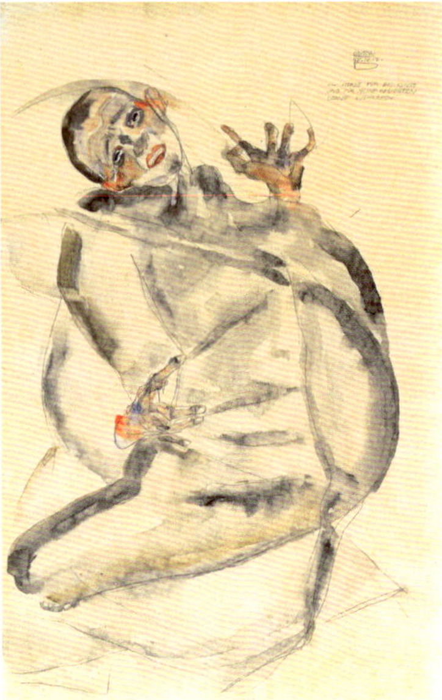

Ich werde für die Kunst und meine Geliebten gerne ausharren!, 1912, Bleistift und Aquarell auf Papier, 48,2 × 31,8 cm

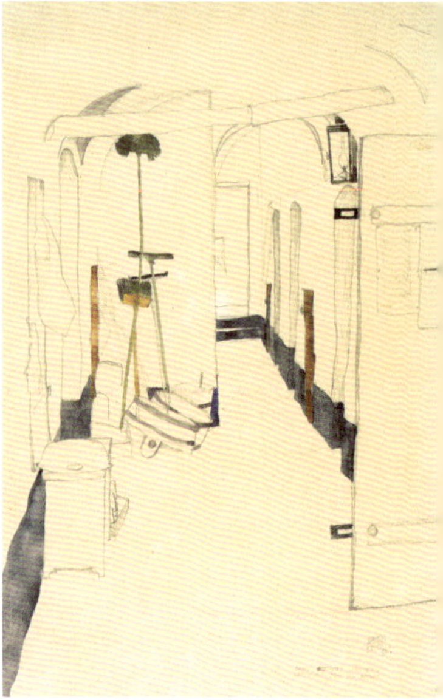

Nicht gestraft, sondern gereinigt fühl ich mich!, 1912, Bleistift, Aquarell und Gouache auf Papier, 48,4 × 31,6 cm

hängenden Aktzeichnung ergeht ein Urteil über drei Tage strengen Arrest. Das strittige Blatt wird noch im Gerichtssaal verbrannt.

Die Frucht dieses als demütigend und beängstigend erlebten Gefängnisaufenthalts ist eine beeindruckende Serie von dreizehn Zeichnungen. Es sind präzise Aufnahmen der Zelle ebenso wie Selbstbildnisse als Gefangener, in denen sich Schiele ausgemergelt und mit kahlgeschorenem Schädel als leidender, unverstandener Künstler inszeniert. „Ich werde für die Kunst und meine Geliebten gerne ausharren", notiert er trotzig unter einer seiner Zeichnungen. „Nicht gestraft, sondern gereinigt fühle ich mich", steht unter einer anderen. Inmitten von äußerer Kälte und innerer Einsamkeit ist die patente Wally eine zuverlässige Verbindung zur Außenwelt. In den Wochen vor der Verhandlung kommt sie regelmäßig zu Besuch, kümmert sich um die Kontakte zu seinen Sammlern und versorgt ihn mit Malutensilien.

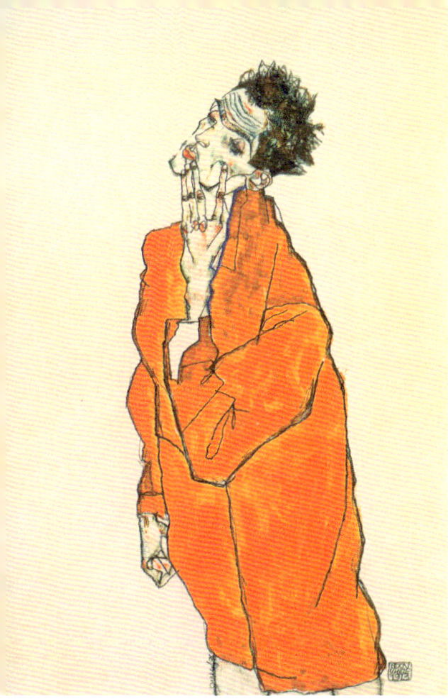

Selbstbildnis mit orangefarbenem Umhang, 1913, Bleistift, Aquarell und Gouache auf Papier, 48 × 31,5 cm

Dann endlich, am 7. Mai, nach insgesamt 24 Tagen in Haft, wird Schiele aus dem Gefängnis entlassen und geht zunächst auf Reisen, um Abstand zu gewinnen. Von weiteren Experimenten auf dem Land sieht er ab. Es geht zurück nach Wien, wo er im Herbst 1912 mit Wally eine neue Atelierwohnung in der Hitzinger Hauptstraße 101 im 13. Bezirk bezieht. Viele Ausstellungsbeteiligungen und seine Mitarbeit bei der von Franz Pfemfert herausgegebenen expressionistischen deutschen Zeitschrift ***Die Aktion*** * zeigen, dass der Skandal seinen künstlerischen Erfolg nicht schmälern konnte. Auswirkungen hat die Neulengbacher Episode aber wohl auf Schieles Selbstverständnis: Er kleidet sich in den Selbstbildnissen der kommenden Jahre noch häufiger als zuvor in die Rolle des Leidenden, des *Kämpfers* oder des sich auf dem Altar der Kunst selbst opfernden *Hl. Sebastian*. Anhaltende wirtschaftliche Existenzängste fördern diese Selbstpositionierung als unverstandener Künstler am Rande der Gesellschaft.

---

* ***DIE AKTION*** *ist eine von Franz Pfemfert (1879–1954) zwischen 1911 und 1932 herausgegebene Zeitschrift für Politik, Literatur und Kunst, die maßgeblich in die expressionistische Kunstszene der Vorkriegszeit hineinwirkt. Viele Schriftsteller und Lyriker veröffentlichen hier ihre ersten Texte, expressionistische Künstler gestalten mit ihren Grafiken das Titelblatt der Zeitschrift. Die Aktion positioniert sich politisch links und fällt deshalb immer wieder unter die Zensur.*

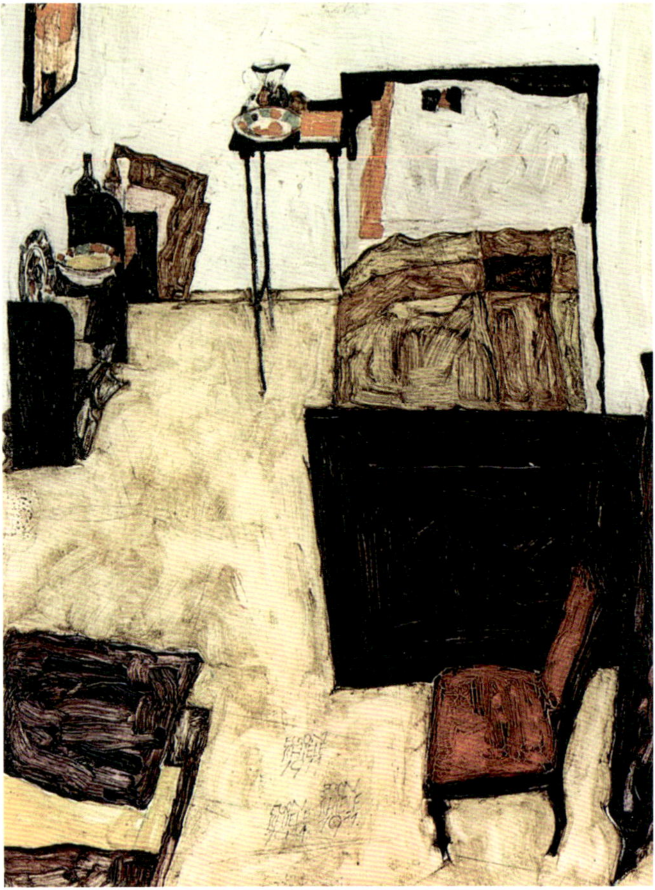

Mein Wohnzimmer (Das Zimmer des Künstlers in Neulengbach), 1911, Öl auf Holz, 40 × 31,7 cm

STABILISIERUNGSVERSUCHE

Das Jahr in Neulengbach bringt trotz des dramatischen Endes künstlerisch eine reiche Ernte. Drei kleinformatige Ölgemälde auf Holz reflektieren als ganz persönliche Zeugnisse die Lebenssituation des Künstlers. In nur vier Tagen sollen die Arbeiten auf den kleinen „Brettchen" entstanden sein, die einen Blick in Schieles Neulengbacher Zimmer und zwei Porträts von Wally und Egon zeigen. Das

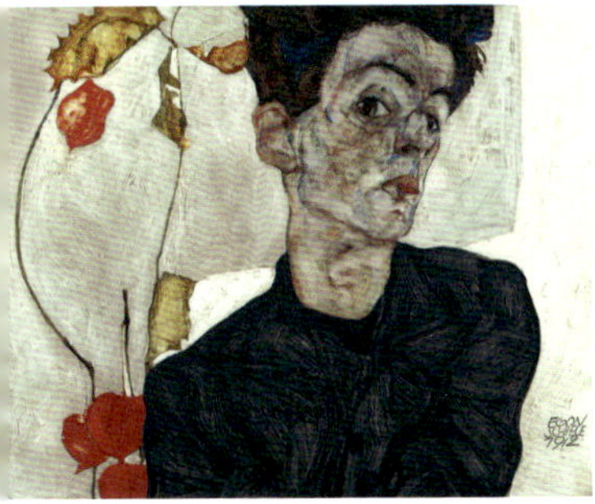

Selbstbildnis mit Lampionfrüchten, 1912, Öl und Gouache auf Holz, 32,2 × 39,8 cm

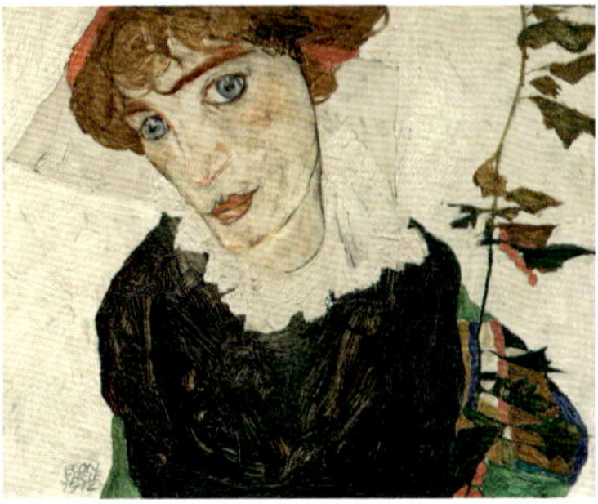

Bildnis Wally Neuzil, 1912, Öl auf Holz, 32,7 × 39,8 cm

Interieur, in seiner malerischen Perspektive deutlich angelehnt an Vincent van Goghs berühmtes *Schlafzimmer des Künstlers in Arles*, das sich zeitweise in der Sammlung von Carl Reininghaus befand, ist als erweitertes Selbstbildnis zu deuten. In asketischer Einsamkeit und Selbstbezogenheit lebt hier ein Künstler-Mönch, schlicht und aufgeräumt ist sein zellenartiges Zimmer. Das strenge Schwarz-Weiß von Möbeln und Wänden wird durch einige buntfarbige Keramiken unterbrochen und durch den gelb gestrichenen Boden gemildert. Einige gerahmte Bilder sind rückseitig gegen die Wand gelehnt, ein einziges Gemälde ist linker Hand aufgehängt. Sie wirken, ebenso wie der leuchtend rote Sessel vorn rechts, wie Stellvertreter des abwesenden Künstlers, der dieses kleinformatige Werk gleich dreimal signiert und datiert hat. Der grobe wie zugleich dynamische Farbauftrag charakterisiert auch die Porträts, die Schiele vermutlich schon unter dem Eindruck seiner als krisenhaft erlebten Festnahmen anfertigt. Gleichberechtigt und einander zugewandt zeigt er Wally und sich selbst – nicht mehr als Muse und Maler, sondern als Paar. Beide Figuren, schwarz gekleidet vor einem neutralen, hellen Hintergrund mit einem Blumenmotiv platziert, wirken ebenbürtig aufeinander bezogen, so als würden sie nun dauerhaft zusammengehören. Handelt es sich vielleicht gar um eine Verlobung, die bildlich bezeugt wird? Die leichten Unterschiede in der Art und Weise der Darstellung reflektieren geschlechtsspezifische Rollen: Während Schiele mit schräg nach hinten gelehntem Kopf kritisch-distanziert auf den Betrachter hinabschaut, wendet Wally den Blick eher nach unten und sucht keinen direkten Blickkontakt.

Der „Fall Wally“

Im Oktober 1997 begeistert die Sammlung Leopold aus Wien die Besucherinnen und Besucher im Museum of Modern Art in New York. Unter den großartigen Leihgaben befindet sich ein kleines Bild, das schon bald für internationale Schlagzeilen sorgt: das Porträt der Wally Neuzil von Egon Schiele aus dem Jahr 1912.

Seit den 1920er-Jahren befand es sich im Privatbesitz von Lea Bondi-Jaray (1888–1969), die in Wien die Galerie Würthle führte. Als Jüdin verlor sie ihre Galerie 1938 durch „Arisierung“ – ein Enteignungsverfahren der Nationalsozialisten in Form einer vermeintlich ordnungsgemäßen Geschäftsübergabe. Die Galerie fiel an den eng mit dem NS-Regime zusammenarbeitenden Kunsthändler Friedrich Welz (1903–1980), der das kleine Porträt von Schiele bei einem Besuch in der Wohnung der Bondis entdeckte und der Galeristin abpresste. Lea Bondi hatte Schiele noch persönlich gekannt und hing deshalb ganz besonders an diesem intimen Werk.

Christian Schad, **Lea Bondi**, 1927, Öl auf Holz, 22,83 × 18,5 cm

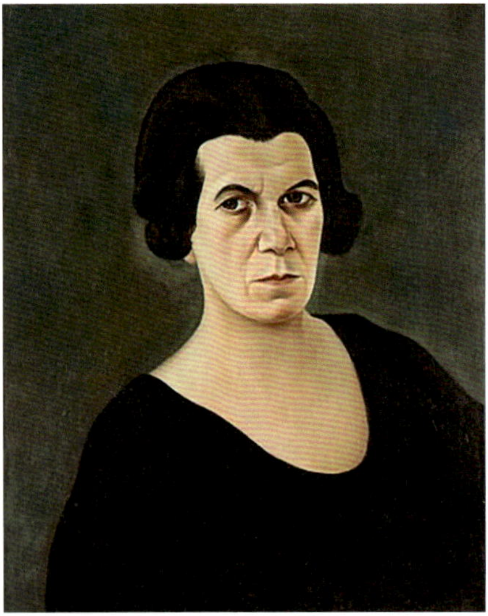

Nun, 60 Jahre später, identifizieren ihre Nachfahren das schmerzlich vermisste Bild in New York und fordern seine Rückgabe. Die US-amerikanische Staatsanwaltschaft schaltet sich ein und lässt das Gemälde kurzerhand vor dem Rücktransport nach Österreich konfiszieren. Wer ist der rechtmäßige Besitzer des Bildes? Diese Frage gilt es zu klären.

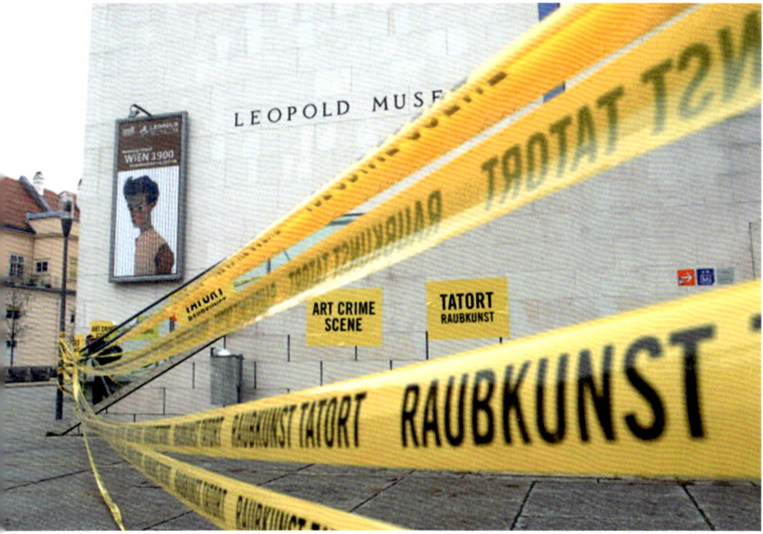

Protestaktion der Israelitischen Kultusgemeinde Wien vor dem Leopold Museum: Der „Fall Wally" löste 2008 heftige Debatten zum Thema Raubkunst aus

Der „Fall Wally" führt dazu, dass der nationalsozialistische Kunstraub, eine bis dahin nur unzulänglich aufgearbeitete Facette der dunklen NS-Geschichte, auf die internationale politische Agenda kommt: 40 Länder verpflichten sich 1998 zur Rückgabe von Raubkunst. Auch in den Museen beschäftigt man sich nun endlich intensiv mit der eigenen Sammlungsgeschichte während und nach der NS-Zeit. Und es zeigt sich, wie wichtig eine gründliche Provenienzforschung ist, also die Klärung der Herkunftsgeschichte eines Bildes, um auch noch nach Jahrzehnten berechtigte Ansprüche auf beschlagnahmte oder geraubte Kunstwerke verbindlich prüfen zu können. Neuerdings steht Provenienzforschung deshalb auch auf dem Lehrplan kunsthistorischer Studienangebote.

Nach mehr als zwölf Jahren, im Sommer 2010, kehrt *Wally* zurück in die Sammlung Leopold. Ein Vergleich zwischen Museum und der Familie Jaray über die Zahlung von 19 Millionen US-Dollar sowie die Verpflichtung, die Besucher über die problematische Herkunft des Gemäldes zu informieren, ebnet den Weg für den Rücktransport nach Wien.

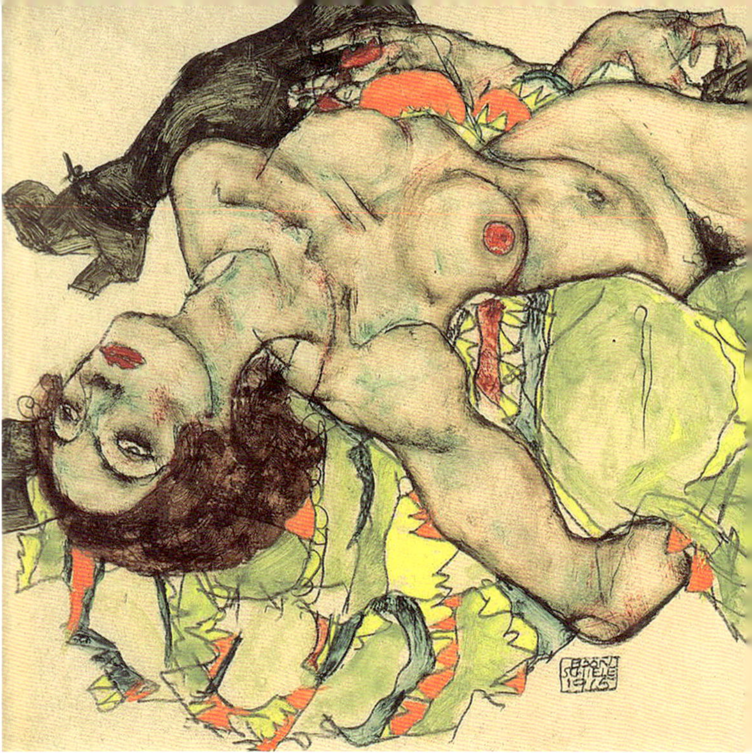

Nach dem Schock der Neulengbacher Affäre vermeidet Schiele anstößige Themen, die als pornografisch oder gar pädophil verstanden werden könnten. Stattdessen entstehen in den folgenden Monaten düstere Stadtlandschaften und großformatige **Allegorien** *, die auf dem Kunstmarkt nicht unbedingt auf Gegenliebe stoßen. Seine Bildnisse weisen plötzlich härtere, geometrisch abstrakte Formen auf. Menschen wirken wie Marionetten oder Puppen.

---

* *Eine* **ALLEGORIE** *ist die bildliche Darstellung abstrakter Vorstellungen oder Begriffe, etwa von Tugenden oder Lastern, meist in Form von Figuren. Die Abbildung einer Frau kann beispielsweise die Gerechtigkeit oder auch die Kirche versinnbildlichen. Um Allegorien in ihrer Bedeutung zu verstehen, sind gute Kenntnisse mythologischer, theologischer oder christlich-moralisierender Inhalte erforderlich.*

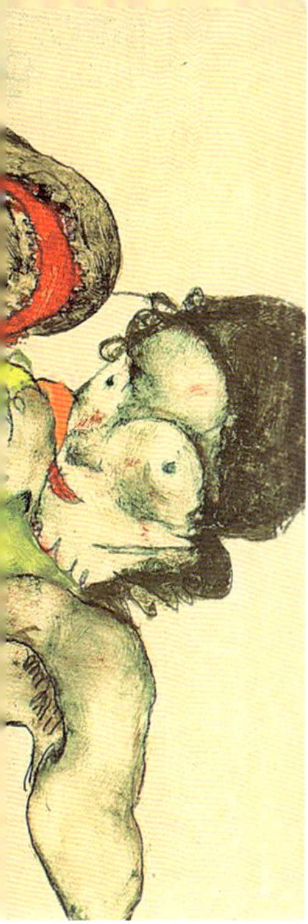

Zwei Mädchen, in verschränkter Haltung liegend, 1915, Deckfarben, Bleistift auf Papier, 32, 8 × 49,7 cm

Wir leben in der gewaltigsten Zeit, die die Welt je gesehen hat. – [...] hunderttausende von Menschen gehen kärglich zugrunde – jeder muß sein Schicksal lebend oder sterbend ertragen. [...] Was vor 1914 war, gehört einer ander[e]n Welt, – wir werden also immer in die Zukunft schauen, – wer hoffnungslos ist, gehört den Sterbenden, – wir müssen bereit sein, alles, was das Leben bringt, zu ertragen.

Egon Schiele an seine Schwester Gerti, November 1914

Durch Vermittlung von Gustav Klimt gewinnt Schiele den Spiritusfabrikanten August Lederer und seine Frau Serena als neue Sammler, die ihn mit anspruchsvollen Porträtaufträgen versorgen. Andere Gönner, vor allem Carl Reininghaus, wenden sich in dieser Krisenzeit allerdings von ihm ab. Die Sicherstellung seines Lebensunterhalts bleibt für Schiele deshalb ein ständiger Drahtseilakt. Im Oktober 1913 beendet auch noch sein Münchner Galerist Hans Goltz nach einer erfolglosen Einzelausstellung (zumindest vorübergehend) die Zusammenarbeit – ein weiterer schwerer Schlag für den Künstler, der auf einen internationalen Durchbruch hofft. Nun muss er ernsthaft darüber nachdenken, sich als Kartograf oder Lehrer zu verdingen, denn die finanziellen Engpässe spitzen sich im April 1914 zu. Schiele fürchtet, von seinem Vermieter vor die Tür gesetzt zu werden und damit auch sein Atelier zu verlieren. Arthur Roessler überredet ihn, mit druckgrafischen Techniken zu experimentieren, um Auflagenwerke in höherer Stückzahl verkaufen zu können. Einer seiner ersten Versuche ist ein radiertes Porträt Roesslers, aber auf Dauer kann er den indirekten Verfahren der Bildherstellung nicht viel abgewinnen.

Zeitenwende

EUROPA AM SCHEIDEWEG

Als der österreichisch-ungarische Thronfolger mit seiner Gattin am Morgen des 28. Juni 1914 bei herrlichstem Sommerwetter zu einem offiziellen Besuch in Sarajevo eintrifft, ahnt wohl niemand, dass die europäischen Großmächte nur 37 Tage später in einen verheerenden Krieg mit globalen Dimensionen verstrickt werden. In einen Krieg, dessen industrialisierte Tötungsmaschinerie 20 Millionen militärische wie zivile Opfer fordert sowie 21 Millionen an Körper und Seele verletzte Menschen.

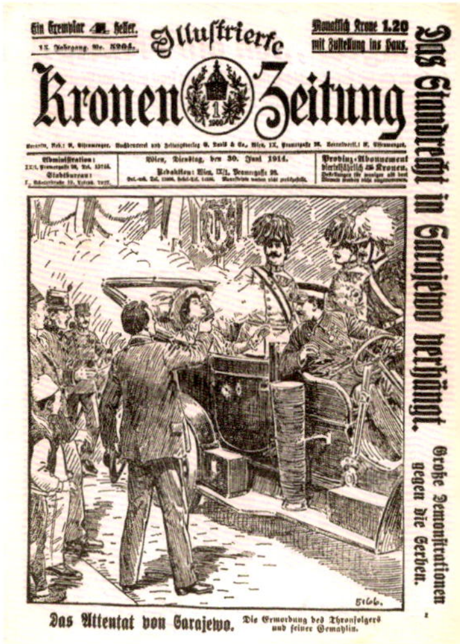
Illustrierte Kronen Zeitung

Monatlich Krone 1.20 mit Zustellung ins Haus.

Wien, Dienstag, den 30. Juni 1914.

Das Standrecht in Sarajewo verhängt.

Große Demonstrationen gegen die Serben.

Das Attentat von Sarajewo. Die Ermordung des Thronfolgers und seiner Gemahlin.

Titelseite der *Illustrierten Kronen Zeitung* nach dem Attentat von Sarajevo

Die Ermordung von Erzherzog Franz Ferdinand und seiner Frau Sophie durch serbische Attentäter erhöht die politischen Spannungen zwischen den Staaten Europas, die sich seit Jahren durch nationalistische Muskelspiele und gegenseitiges Misstrauen aufgeschaukelt haben. Die Kriegserklärung Österreich-Ungarns an Serbien am 28. Juli setzt eine katastrophale Kettenreaktion in Gang.

Schon vor 1914 schlägt sich die unsichere politische Großwetterlage bei Künstlern und Intellektuellen in düsteren Ahnungen und Weltuntergangsgefühlen nieder. Wie der heraufziehende Krieg in Europa allerdings einzuschätzen sei, darüber gibt es große Differenzen. Manche hoffen auf eine grundlegende Erneuerung längst verkrusteter gesellschaftlicher Strukturen. Einige Künstler können sich sogar vorstellen, dass Erfahrungen mit Kampf und akuter Existenzbedrohung ihren Werken eine besondere Intensität verleihen könnten.

Egon Schiele gehört nicht zu den Kriegsbegeisterten, wie Oskar Kokoschka oder manche seiner deutschen Künstlerkollegen. Jede Form von Patriotismus ist ihm fremd: „Mir ist es egal, wo ich lebe, d. h. welcher Nation ich angehöre; besser unter welcher Nation ich lebe“, notiert er im April 1916 in seinem Kriegstagebuch. Aufgrund eines Herzfehlers wird er zunächst vom Kriegsdienst zurückgestellt und kann weiterarbeiten. Das ist ihm das Wichtigste. Auch seine Ausstellungsaktivitäten lassen sich erst einmal fortsetzen: Die Wiener Galerie Guido Arnot zeigt eine viel beachtete Einzelausstellung, und auch im Zürcher Kunsthaus sind Werke von ihm zu sehen.

IRRUNGEN UND WIRRUNGEN

Am 24. November 1914 heiratet Schieles Schwester Gerti Anton Peschka, den engen Freund und Malerkollegen Schieles. Die beiden sind schon lange ein Paar. Als Gerti schwanger wird, wollen sie so schnell wie möglich heiraten. Aber Egon, mittlerweile der Vormund seiner Schwester, verbietet ihr eine Hochzeit vor dem Erreichen der Volljährigkeit. Aus Eifersucht? Oder aus einem seltsamen patriarchalischen Machtbedürfnis heraus? Endlich, kurz vor der Entbindung des zweiten Kindes ist es so weit. Es findet nur eine schlichte Kriegshochzeit statt, denn Anton ist bereits Soldat. Das Familienfest löst bei Egon Schiele Gedanken über die eigene Zukunft aus. Kann auch er sich vorstellen, zu heiraten und vielleicht sogar eine Familie zu gründen? Seit einiger Zeit hat er mit Adele und Edith Harms angebändelt, zwei jungen Frauen, die im Jahr zuvor zusammen mit ihren Eltern eine Wohnung gegenüber seinem Atelier in der Hitzinger Hauptstraße bezogen haben. Der Vater, Joseph Harms, ist ein pensionierter Angestellter der österreichischen Eisenbahn, die Familie lebt in bürgerlich geordneten Verhältnissen. Seit ihrem Einzug schon beobachten die beiden Schwestern neugierig das für sie fremdartige Treiben auf der anderen Straßenseite: das Kommen und Gehen der Modelle, ihr Posieren im Atelier, den Künstler beim Skizzieren und Malen. Sie sind davon magisch angezogen, widerspricht die erotisch aufgeladene Atmosphäre doch so völlig ihren eigenen Lebensvorstellungen

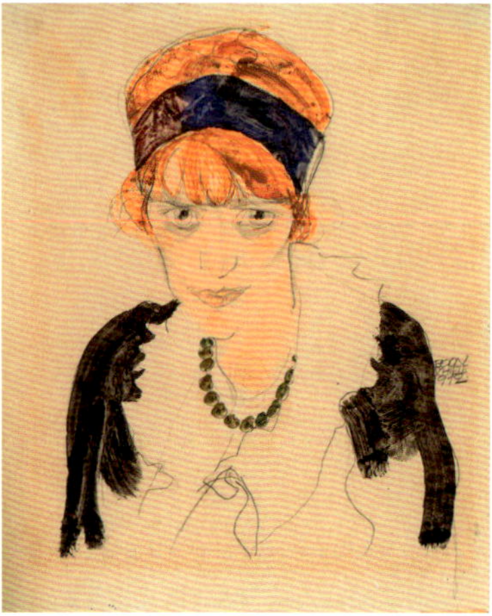

Wally, 1912,
Gouache und
Bleistift auf Papier,
29,7 × 26 cm

und -normen. Schiele ist es, der schließlich den Kontakt zu den jungen Damen sucht und Wally dafür einspannt, das Eis zu brechen. In den kommenden Monaten geht man ab und an zu viert aus, schaut sich gemeinsam im Kino einen Film an – und kommt sich näher. Die Situation kippt: Zwischen den Schwestern entwickelt sich Eifersucht, denn beide sind von Schiele fasziniert und suchen zunehmend seine Nähe. Eigentlich meint Adele, für eine Beziehung zu dem Enfant terrible besser geeignet zu sein. Nicht nur weil sie die Ältere ist, sondern vor allem weil sie sich freizügiger und lockerer im Umgang mit dem Künstler zu geben vermag. Schiele selbst scheint längere Zeit nicht recht zu wissen, mit welcher der beiden er tatsächlich ernstere Absichten verfolgt. Immer noch unentschieden, schreibt er im Februar 1915 an Arthur Roessler: „Habe vor zu heiraten – günstigst, nicht Wal[ly] vielleicht." Eine Eheschließung wird also angestrebt – bei der es ganz klar auch um gesellschaftliche Reputation und um eine eventuell zu erwartende bessere finanzielle Absicherung geht. Wally kommt deshalb für Schiele nicht infrage. Aufgrund ihrer familiären Herkunft und ihrer Vergangenheit entspricht sie nicht den Anforderungen, die der Künstler offensichtlich an seine zukünftige Ehefrau hat. In der Vergangenheit hat er in einigen Briefen an Roessler und andere Freunde stolz durchblicken lassen, dass Wally alle seine sexuellen Wünsche befriedige, und sie damit in die Nähe einer Prostituierten

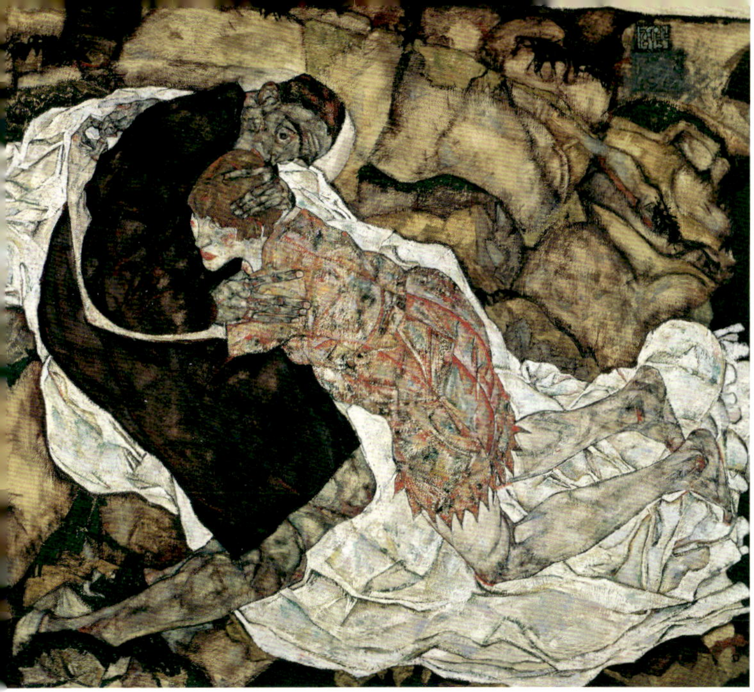

Tod und Mädchen (Mann und Mädchen), 1915, Öl auf Leinwand, 150 × 180 cm

gerückt. Auch das macht sie als Ehefrau unmöglich. Vergessen ist nun die enge, ja freundschaftliche Beziehung zu Wally, vergessen ihre Verlässlichkeit in der Krise von 1912, aus der das rührende Doppelporträt der Liebenden hervorgegangen ist. Wally muss gegenüber der bürgerlichen, unschuldigen Edith zurücktreten. Im ersten Trennungsschmerz bietet Schiele ihr ein Beziehungsmodell zu dritt an: Jedes Jahr wolle er mehrere Wochen Urlaub mit ihr fern ab von Edith verbringen. Empört und tief enttäuscht weist Wally diese Idee zurück. Um vor ihrer Traurigkeit und aus ihrer Einsamkeit zu fliehen, meldet sie sich im Frühjahr zum Kriegseinsatz beim Roten Kreuz. Die beiden sehen sich nicht wieder, denn Wally stirbt 1917 mit nur 23 Jahren in Dalmatien an Scharlach. Schiele verarbeitet seinerseits die sicher auch für ihn bittere Trennung in einem seiner großartigsten Gemälde: *Tod und Mädchen* zeigt Wally in einer gleichermaßen verzweifelten wie hilflosen Umarmung mit dem personifizierten Tod – der unverkennbar die Züge des Künstlers trägt.

SOLDAT UND EHEMANN

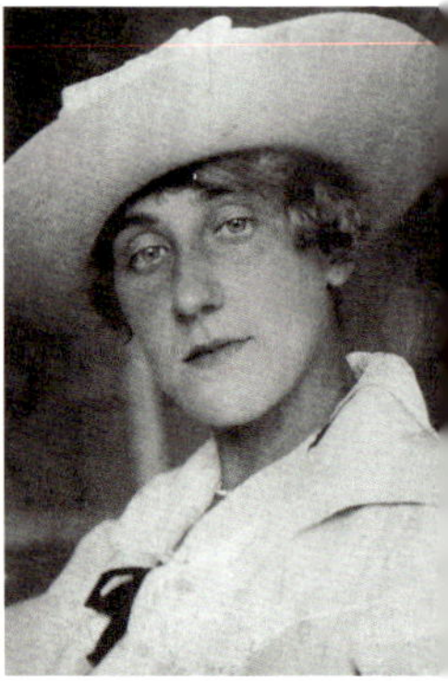
Edith Schiele, 1917

Im Mai 1915 spitzt sich die Situation zu. Egon Schiele wird bei einer weiteren Musterung für tauglich erklärt. Unter dem Druck des drohenden militärischen Dienstantritts erklären die eigentlich sehr zögerlichen Eltern Harms ihre Zustimmung zur Eheschließung mit Edith, sodass es am 17. Juni 1915 recht kurzfristig zu einer Kriegstrauung kommt. Nur drei Tage später wird der Künstler bereits nach Prag zur Grundausbildung eingezogen. Edith folgt ihrem Mann und versucht, in dem engen angemieteten Zimmer ihre neue Rolle als Ehefrau zu meistern. Die Aufgaben, die Schiele ihr überträgt, bereiten ihr jedoch von Anfang an Schwierigkeiten. Es fällt ihr weder leicht, sich per Brief oder persönlich um Verkäufe von Bildern zu kümmern und sich dabei als Bittstellerin gegenüber den Sammlern zu fühlen, noch mag sie Schiele in der von ihm gewünschten Freizügigkeit als Modell zur Verfügung stehen. Die Vorstellung, dass spätere Käufer sie nackt und in sexuell eindeutigen Posen sehen könnten, scheint ihr kaum erträglich.

Schiele leidet unter den Lebensbedingungen beim Militär. Nicht weil er sich ernsthafte Sorgen machen müsste, an die Front zu kommen, sondern weil ihm wertvolle Arbeitszeit verloren geht. Mit der Hilfe einflussreicher Freunde versucht er immer wieder, eine Versetzung ans Kriegspressequartier in Wien zu erwirken. Dies gelingt zunächst nicht. Stattdessen geht es in ein Ausbildungslager nach Neuhaus in Böhmen, später wird er an unterschiedlichen Orten in der Umgebung von Wien für Kanzleiarbeiten und zur Eskortierung russischer Kriegsgefangener zum Arbeitseinsatz in Fabriken eingesetzt. In dieser Zeit kann er abends häufig in das Hitzinger Atelier heimkehren. Es entstehen faszinierende Porträts von Gefangenen und Kameraden, die in ihrer reduzierten Sparsamkeit und lebendigen Intensität gleicher-

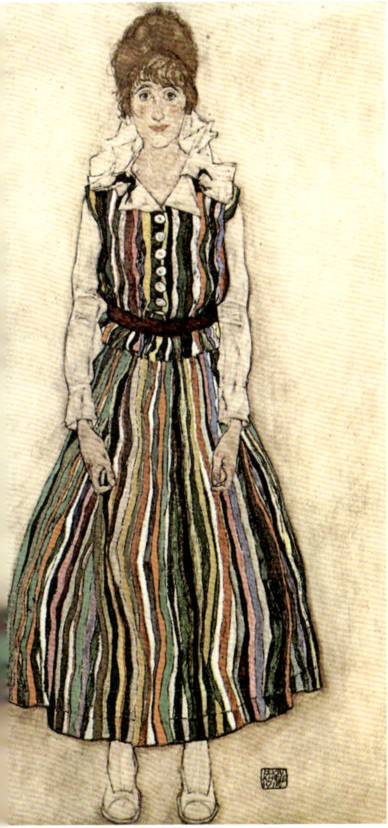

Bildnis der Frau des Künstlers, stehend (Edith Schiele in gestreiftem Rock), 1915, Öl auf Leinwand, 180 × 110 cm

maßen beeindrucken. Schiele macht dabei keinen Unterschied zwischen Freund und Feind. Im Gegenteil: Seine Zeichnungen erfassen teilnahmsvoll die von Krankheit, Einsamkeit oder Mangel gezeichneten Gesichter der Russen.

Anfang Mai 1916 wird Schiele jedoch als Schreiber in ein Lager für kriegsgefangene russische Offiziere ins niederösterreichische Mühling abkommandiert. Edith reist auch dieses Mal wieder mit. Die Bedingungen vor Ort sind eigentlich hervorragend: Schieles Vorgesetzte fördern und ermöglichen seine künstlerische Arbeit und stellen ihm zeitweise sogar einen Lagerraum als provisorisches Atelier zur Verfügung. Abseits des Dienstes erkundet Schiele zusammen mit Edith die Umgebung von Mühling. Die Landschaft inspiriert ihn. Glücklich schreibt Edith an ihre Mutter nach Wien: „Endlich einmal wohin verschickt, wo es Egon gefällt; es ist auch wahrhaftig hier alles tadellos. [...] Die Gegend ist herrlich von unserem Zimmerl, d. wir bei sehr netten Leuten gefunden haben, sieht man den schneebedeckten Ötscher. Bei unserem Haus fließt die Erlauf vorbei." Schiele lässt sich seine Staffelei und Farben nach Mühling schicken, um auch in Öl arbeiten zu können. Neben dem immer drängenderen Wunsch nach Fortsetzung seiner künstlerischen Arbeit treiben ihn auch finanzielle Verpflichtungen, denn das nun leer

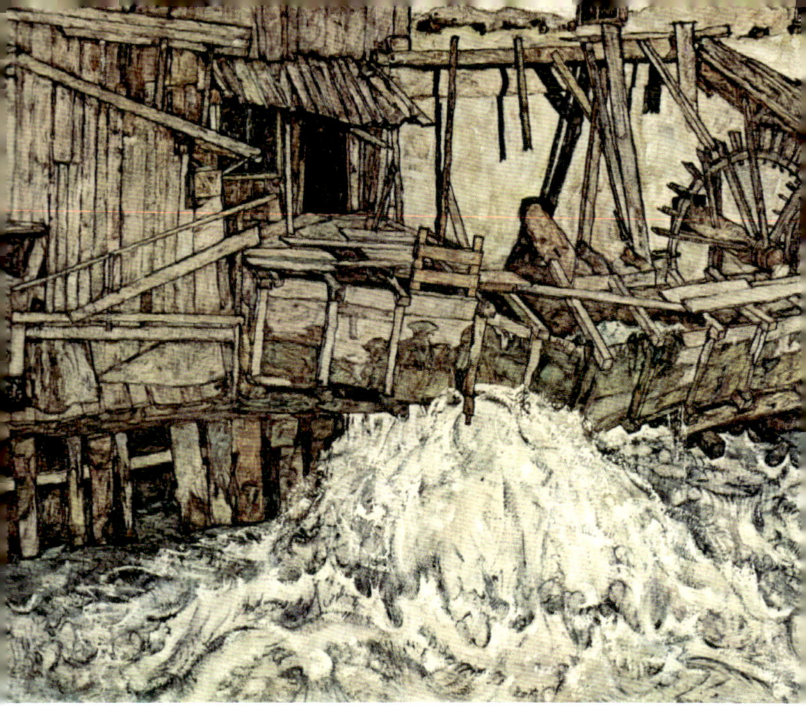

Zerfallende Mühle (Bergmühle), 1916,
Öl auf Leinwand, 110 × 140 cm

stehende Atelier in Wien verschlingt weiterhin Mietkosten. Bei Spaziergängen mit Edith entdeckt Schiele eine Bergmühle, die ihn als Sujet reizt und die er zunächst in einer Zeichnung festhält. In einem engen Ausschnitt und in einer detailreichen, realistischen Bildsprache stellt er der hinfälligen Mühle das tosende Wasser des schäumenden Bachs gegenüber. Die durch den Menschen bezwungene Wasserkraft liegt in einem anhaltenden, noch nicht entschiedenen Kampf mit dem Bauwerk, das jedoch auch aus sich selbst heraus zu wanken scheint. Ordnung und Chaos, Gestaltungswille und Verfall – Schiele verfolgt die ihn von jeher umtreibenden Themen weiter, in der Umsetzung geht er allerdings neue Wege. Das Gemälde, das Schiele im Oktober 1916 nach Wien bringt und das ein Jahr später bereits verkauft ist, fällt auch im Rahmen der Ausstellung in der Wiener Secession im März 1918 in besonderer Weise auf: „Diese trostlosen Grün, diese müden, morschen Grau, diese aufkreischenden Rot, diese

Mit dem Herz arbeiten. – Dann ist die Möglichkeit da, „das Werk zu beseelen“.

Egon Schiele, 1914

erschreckenden Gelb und vor allem das für ihn bezeichnende trübselige Schwarz, das alles ist so spätherbstlich welk so sterbenskrank, so todessehnsüchtig. Sein Realismus, der sich mit fanatischer Strenge an die Wirklichkeit anklammert, erhält zuletzt doch noch immer etwas traumhaft Phantastisches und Visionäres“, schreibt ein Kritiker.

In Mühling kann Schiele nicht mit der Intensität arbeiten, wie er es sich wünscht. Sein Dienst gestaltet sich allerdings angenehm, und er muss sich zu keiner Zeit Sorgen machen, an die Front abkommandiert zu werden. Edith hingegen leidet unter der fremden Umgebung und ihrer Isolation. Daran können auch Besuche von Adele sowie von Schieles Mutter und seiner Schwester Melanie nichts ändern. Am 1. August 1916 notiert sie in ihrem Tagebuch: „Ich bin derart Nervenkrank, d. mich mein Körper furchtbar schmerzt, ich weine stundenlang, quäle mich mit irgendeinem Gedanken [...] Nirgends finde ich Verständnis, daß tut mir so weh.“ Endlich, im Januar 1917, geht es zurück nach Wien. Schiele ist es gelungen, einen noch ruhigeren Posten in der Hauptstadt zu ergattern.

Folgende Doppelseite:
Krumauer Landschaft: Stadt und Fluss, 1916, Öl auf Leinwand, 110,5 × 141 cm

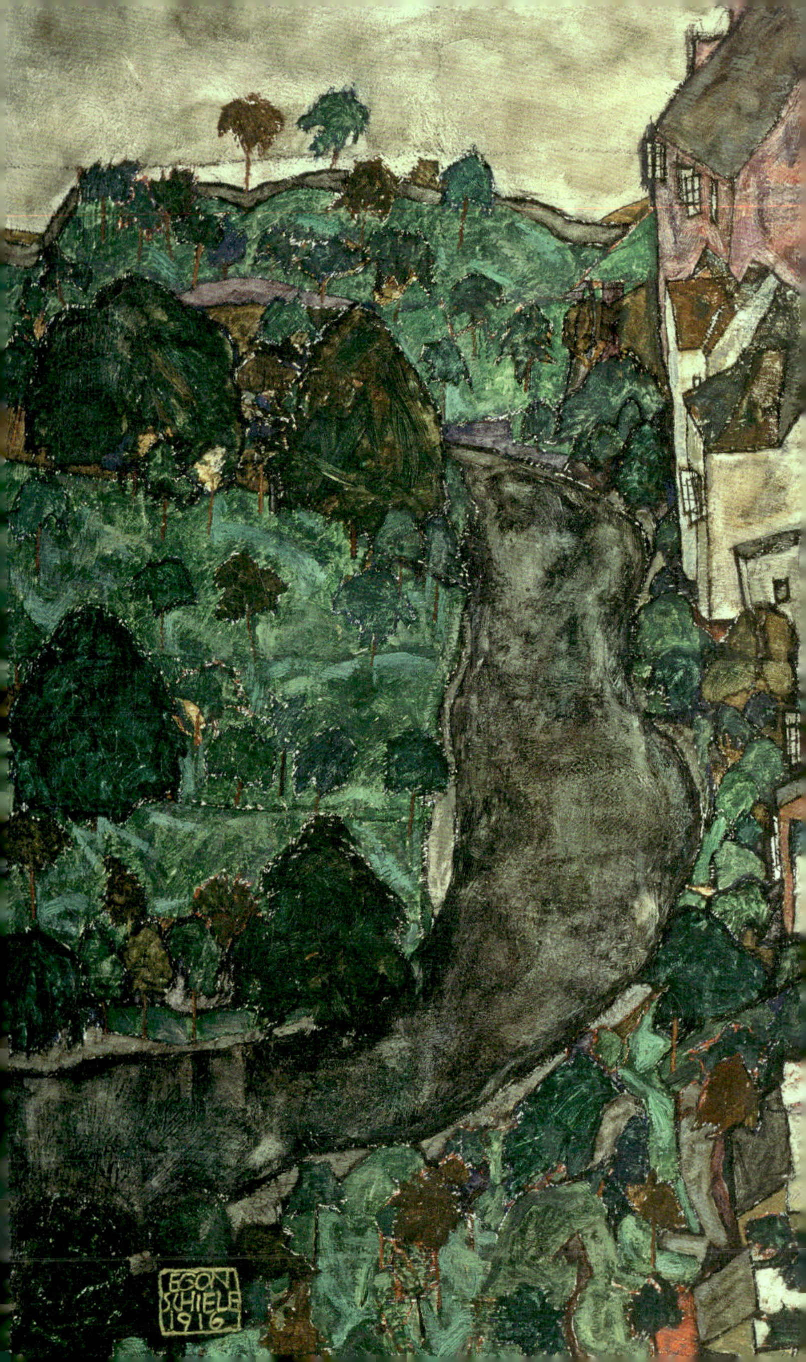
EGON
SCHIELE
1916

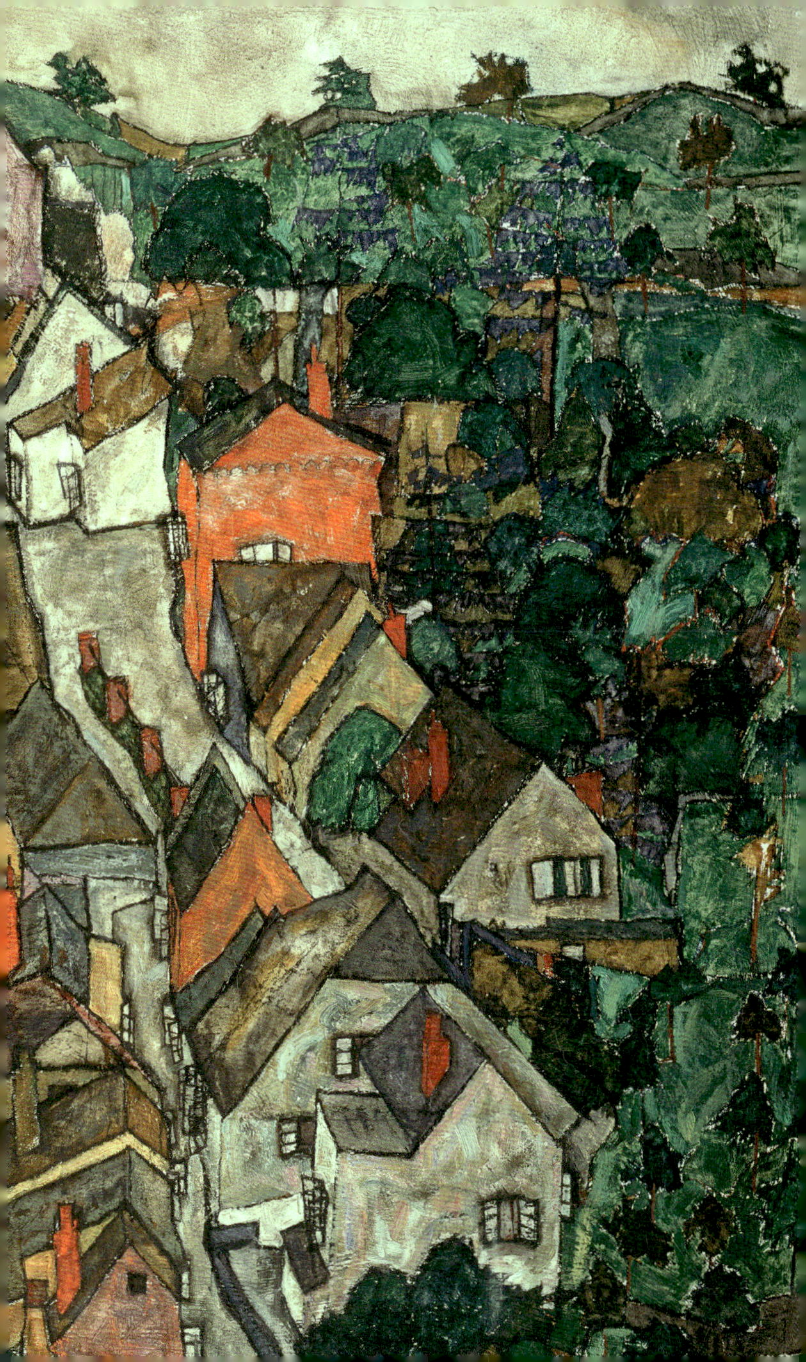

Ein viel zu frühes Ende

ZURÜCK IN WIEN

Das unruhige Jahr 1916 ist kriegsbedingt das unproduktivste in Schieles künstlerischem Leben. Nun, zurück im Atelier, setzt er alles daran, seine Arbeit weiter voranzubringen, zumal seine Pflichten in der Armee nun gänzlich anspruchslos sind. Im Frühjahr 1917 schmiedet er zusammen mit anderen Künstlern und Musikern den Plan zur Gründung einer Kunsthalle. Ganz im Geiste der Wiener Secession handelt es sich dabei um eine Initiative, die schon mitten im Krieg auf die Errichtung und Gestaltung einer neuen (Kultur-)Gesellschaft zielt. Unter anderen gewinnt er mit Arnold Schönberg und Gustav Klimt die führenden Kulturschaffenden Wiens für dieses revolutionäre Unternehmen. In dem von Schiele verfassten Aufruf heißt es: „Seit das blutige Grauen des Weltkriegs über uns hereinbrach, sind wohl manche schon innegeworden, daß die Kunst mehr ist als eine Angelegenheit des bürgerlichen Luxus. Wir wissen, daß die Zeit des kommenden politischen Friedens die große Auseinandersetzung bringen wird zwischen den materialistischen Tendenzen unserer Zivilisation und jenen Resten edler Kultur, die uns das merkantile Zeitalter noch gelassen hat. Angesichts solcher Tatsachen hat jeder geistige Mensch die Pflicht, das österreichische Kulturgut vor dem Untergang zu bewahren und die Pläne einer Jugend verwirklichen zu helfen, welche einen neuen Aufbau beginnen und mit den Schäden der Vergangenheit unbedingt brechen will."

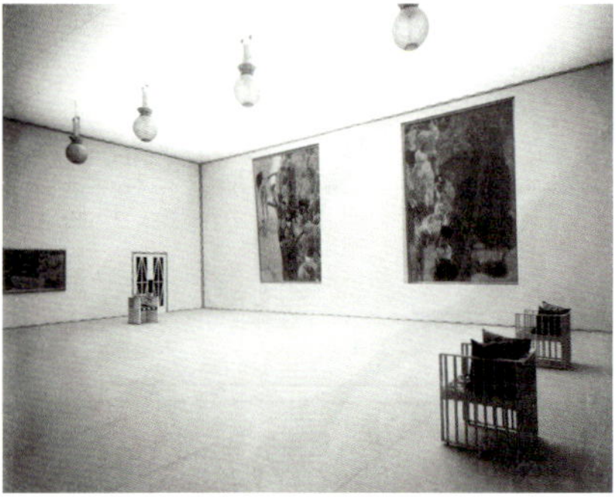

Ausstellungsraum in der Wiener Secession

Das ambitionierte Projekt verläuft in den schwierigen Kriegszeiten im Sande. Aber eine Ausstellung, die Schiele gleichzeitig zusammen mit Albert Paris Gütersloh für das Wiener Heeresmuseum organisiert,

Dr. Franz Martin Haberditzl, 1917, Öl auf Leinwand, 140 × 110 cm

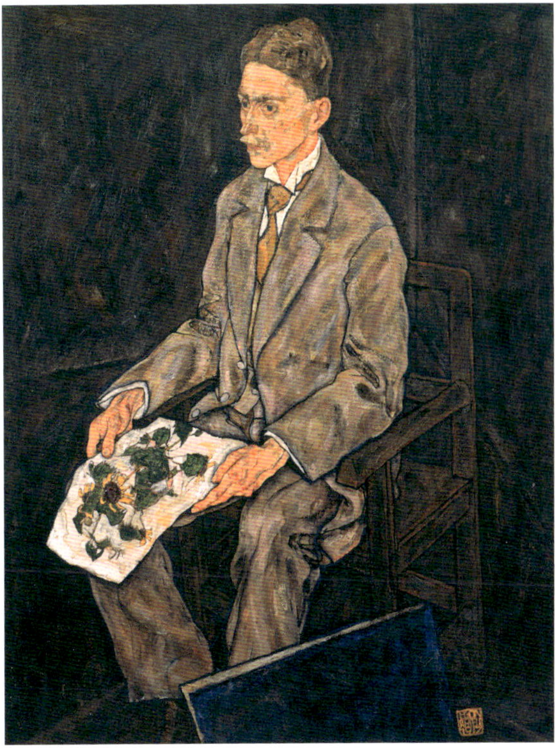

entwickelt sich äußerst erfolgreich und wird in etwas veränderter Form später auch in den Niederlanden, in Dänemark und Schweden gezeigt. Eine weitere Ausstellung realisiert er gemeinsam mit Anton Faistauer für das Kriegspressequartier und erweist sich auch in diesem Zusammenhang als ein hervorragender Künstlerkurator und Organisator. Wichtige Ankäufe, etwa durch Franz Martin Haberditzl, den Direktor der Österreichischen Staatsgalerie, unterstreichen Schieles herausgehobene Stellung in der Kunstszene des Landes. Eine Ausstellungsbeteiligung bei der Münchner Secession bringt ihn sogar wieder mit Hans Goltz ins Geschäft. Der Höhepunkt seines künstlerischen Erfolges ist jedoch erreicht, als das Präsidium der Wiener Secession mit ihm in Verhandlungen über seine Rolle in der 49. Secessions-Ausstellung tritt.

Plakat zur 49. Ausstellung der Secession 1918,
Farblithografie, 68 × 53 cm

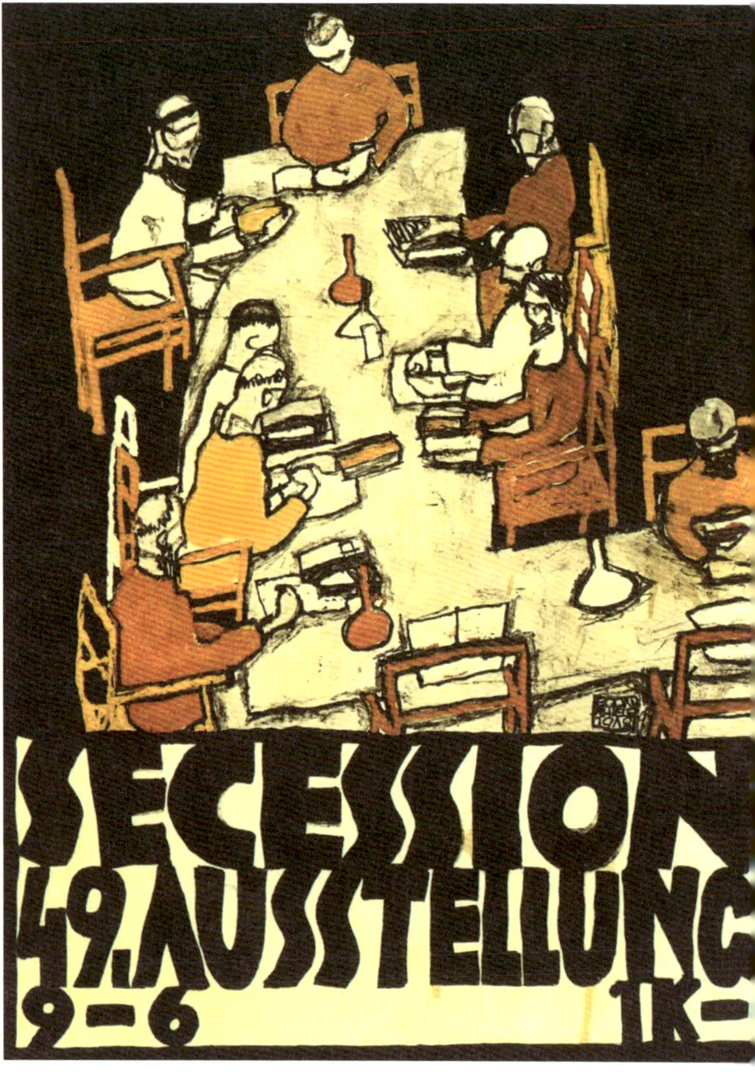

Unter der Präsidentschaft Richard Harflingers, der als Maler für das Kriegspressequartier tätig ist, beginnen im Oktober 1917 die Vorbereitungen für die 49. Secessions-Ausstellung. Nach den beachtlichen internationalen Erfolgen Schieles als Künstler und Kurator erreicht ihn die Anfrage, diese Kollektivausstellung für die Secession zu organisieren und gleichzeitig selbst einen bedeutenden künstlerischen Beitrag beizusteuern. Noch vor Weihnachten wird man sich einig, berichtet Schiele seinem Schwager Anton Peschka stolz und ist sich schon jetzt sicher, dass die geplante Ausstellung „die bedeutendste von neuer Kunst in Wien sein wird". Schiele übernimmt dabei die Konzeption, lädt zahlreiche Künstlerinnen und Künstler ein, entwirft das Plakat und bespielt selbst das Allerheiligste, den repräsentativen Hauptsaal des Secessionsgebäudes mit 19 Gemälden und 29 Zeichnungen. Mitten in der intensivsten Vorbereitungsphase, am 6. Februar 1918, stirbt Gustav Klimt mit 55 Jahren an den Folgen eines im Januar erlittenen Schlaganfalls. Österreich verliert seine künstlerische Galionsfigur, und Schiele schickt sich an, diesen Platz einzunehmen.

Schon die Vernissage wird zum Triumph. Am 1. März strömen die neugierigen Besucher in das Ausstellungshaus. Schiele hält fest: „Niemals waren Ausstellungen, sei es eine konventionelle oder eine neuester Kunst, so besucht wie diese. Am Eröffnungstag konnte man um 12h mittags wirklich nicht mehr gehen, – so viele Besucher und nicht geringer an Sonntagen um diese Zeit. Es wurde soviel gekauft, wie bei keiner Ausstellung. Natürlich wird auch unerhört geflucht, – doch atmen die Menschen auf nach so langer Zeit wieder Kunst, echte Kunst zu sehen." Schiele kann alle seine zum Verkauf stehenden Bilder sowie einige Arbeiten auf Papier für insgesamt knapp 16 000 Kronen verkaufen. Ein enormer Erfolg. Begeisterte Sammler melden sogar bereits ihr Interesse an einigen unvollendeten Leinwänden in seinem Atelier an. Neue Aufträge, etwa für die Familie Koller, bahnen sich an.

Den Schwung, der von diesem gelungenen Unternehmen ausgeht, möchte Schiele nutzen. Trotz seiner Tätigkeit für das Militär, der er nach wie vor nachgehen muss, werden weitere Ausstellungen geplant. Auch die Idee einer Künstlervereinigung wird wiederbelebt. Zusammen mit Albert Paris Gütersloh, Anton Faistauer und der Malerin Broncia Koller-Pinell (1863–1934) wird am 29. März 1918 die Neue Secession Wien gegründet und mit „Schampus" begossen.

EIN NEUES ATELIER

Einen weiteren lang gehegten Wunsch kann sich Schiele nun endlich erfüllen: den Umzug in ein neues Atelier. Schon Ende 1916 hat er etwa 2 Kilometer von seinem Standort in der Hitzinger Hauptstraße ein dafür ideales Haus mit separatem Wohntrakt entdeckt. Aufgrund seiner finanziellen Misere war jedoch zu diesem Zeitpunkt überhaupt nicht vorstellbar, es anzumieten. Nun aber eröffnen sich gänzlich neue Möglichkeiten.

Ursprünglich für einen Bildhauer im Jahr 1900 errichtet, bietet das Haus in der Wattmanngasse 6 mit zwei Atelierräumen und einem abgetrennten Wohnbereich deutlich mehr Platz. Umgeben von einem schönen Rosengarten und in unmittelbarer Nähe des großen Schönbrunner Schlossparks gelegen, lebt man hier wie in einer grünen Oase. Schieles Bedürfnis nach Begegnungen mit der Natur, das ihn nach Krumau oder Neulengbach geführt hatte, und die Notwendigkeit, in Wien zu leben, lassen sich hier aufs Beste verbinden. Auch für Edith als Blumenliebhaberin und für den gemeinsamen Hund Lord scheint die neue Bleibe mehr als geeignet. Außerdem zeichnen sich weitreichende Veränderungen ab: Edith ist schwanger.

> **Es kommt mir vor, als ob ich mir bis jetzt nur die Werkzeuge vorbereitet hätte.**
>
> Egon Schiele, 1918

Bildnis der Frau des Künstlers, sitzend, 1918,
Öl auf Leinwand, 139,5 × 109,2 cm.

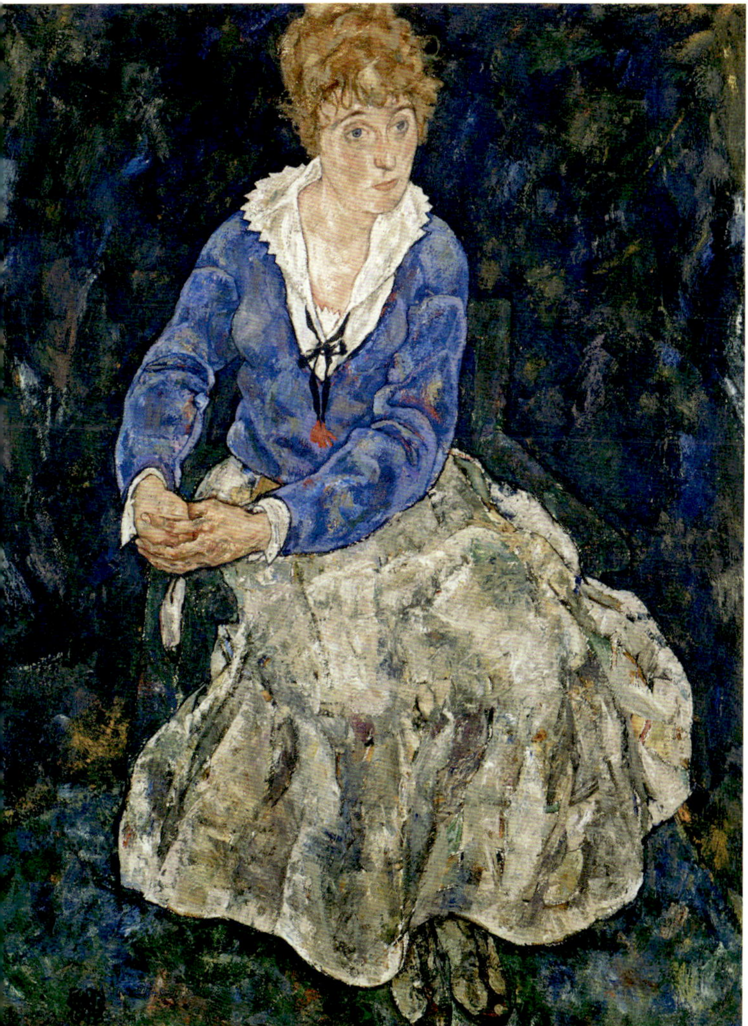

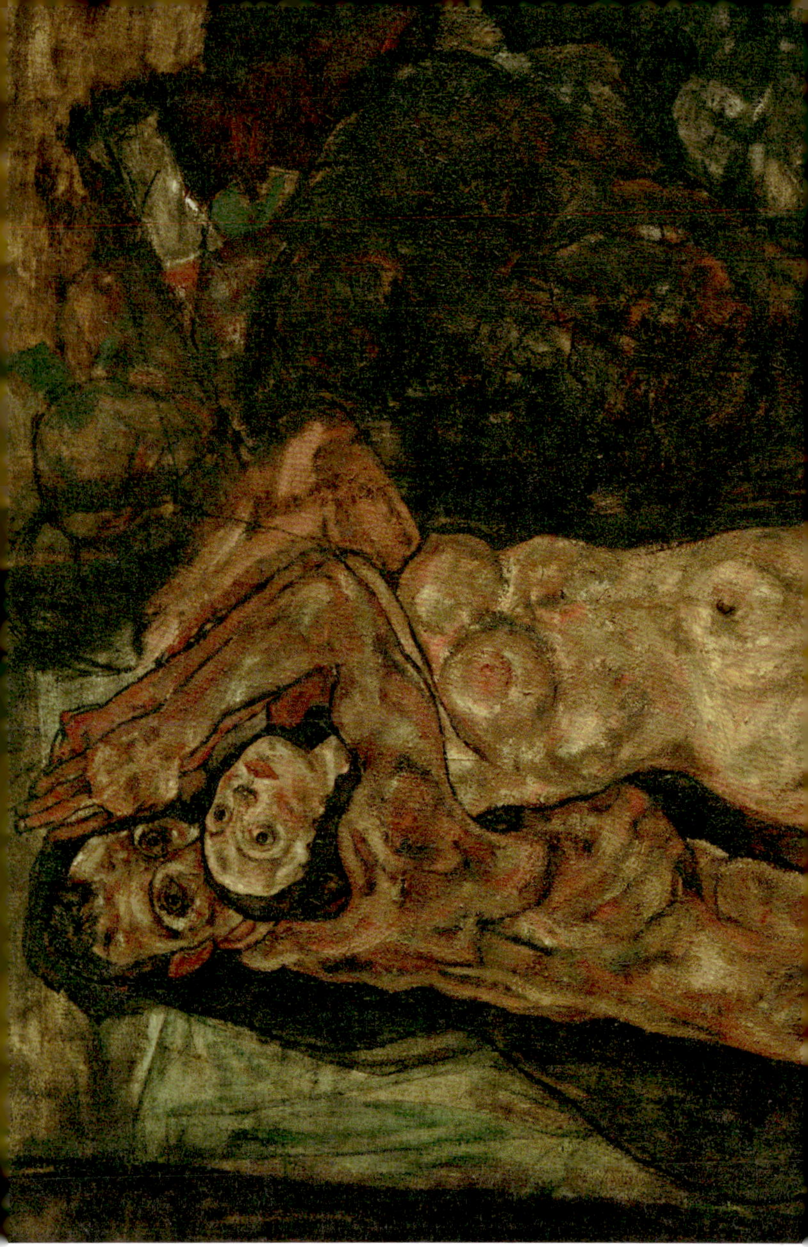

Liebespaar, 1918, Öl auf Leinwand, 155 × 210 cm

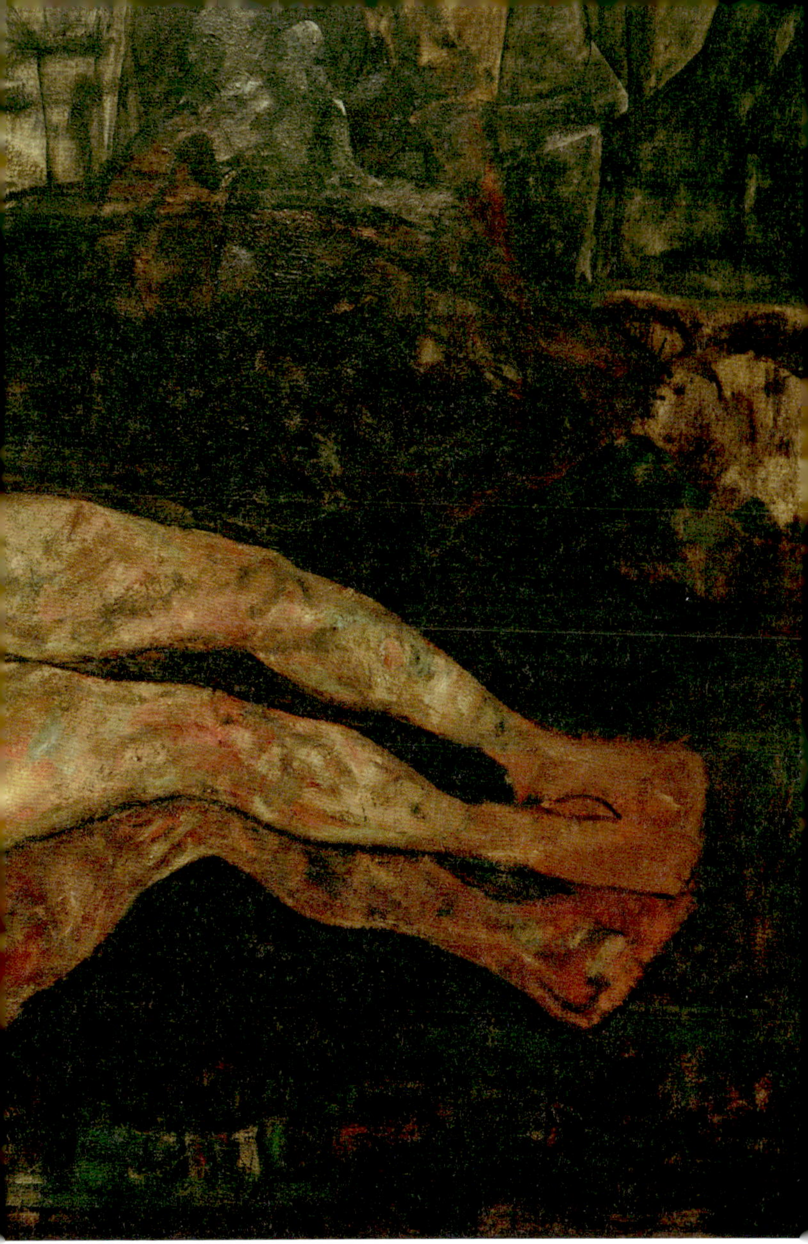

zunehmend schlechten Versorgungslage in Wien? Oder brauchte sie Abstand von Egon und ihrer Ehe, in der sie sich häufig nicht glücklich fühlt? In ihrem Tagebuch findet sich im April 1918 der folgende Eintrag: „Heute nach Jahren als ich in diesen Buch geblättert, da fallt es mir auf daß ich immer und immer wieder über das Alleinsein geklagt habe – nun daß wird wohl mein Schicksal sein – Heute wo ich körperlich nicht das geringste entbehren muß, bin ich immer wieder seelisch allein – E hat mich in seiner Weise sicher lieb! – doch will er nicht die kleinsten Gedanken mit mir teilen – läßt mich abseits stehen und nicht teilhaben an dem Entstehen und Werden jenes Gedankens. Wenn ich ein Kind hätte – ob es dann für mich besser wäre? Dann hätte ich etwas von ihm mit dem ich mich beschäftigen dürfte – der Gedanke des Kindes lässt mich seit ich dieses Gefühl des Beiseite Geschoben werden habe, nicht mehr los.“ Tatsächlich ist sie in dieser Zeit schwanger geworden. Für Egon aber scheint sie damit ihre Attraktivität zumindest als Modell endgültig einzubüßen. Er wendet sich wieder verstärkt professionellen Modellen zu. Auch von Ediths älterer Schwester Adele, die zeitweise ein Liebesverhältnis mit ihrem Schwager eingeht, gibt es erotische Aktzeichnungen.

Nun aber, im August, hat Schiele Zeit für seine Frau. Gemeinsam reisen sie nach Oberwaltersdorf bei Baden und sind dort zu Gast bei Broncia Koller-Pinell und ihrem Mann, die ein wunderschönes altes, von Koloman Moser und Joseph Hoffmann ausgestattetes Herrenhaus bewohnen. Hugo Koller, ein promovierter Mediziner und Physiker, ist als zweiter Geschäftsführer der Elektrochemischen Werke in Breslau ein überaus erfolgreicher Mann und gleichzeitig ein Intellektueller mit einer ausgeprägten Begeisterung für wertvolle Bücher und Grafiken. Von Mai bis Juli 1918 hat Schiele an einem Porträt von Hugo Koller gearbeitet – es war sein letztes Auftragswerk.

In Oberwaltersdorf genießt man das ländliche, aber luxuriöse Ambiente und den herrlichen Garten, der in Schiele den Wunsch weckt, weitere Blumen- und Gartenbilder in Angriff zu nehmen. Nach einem

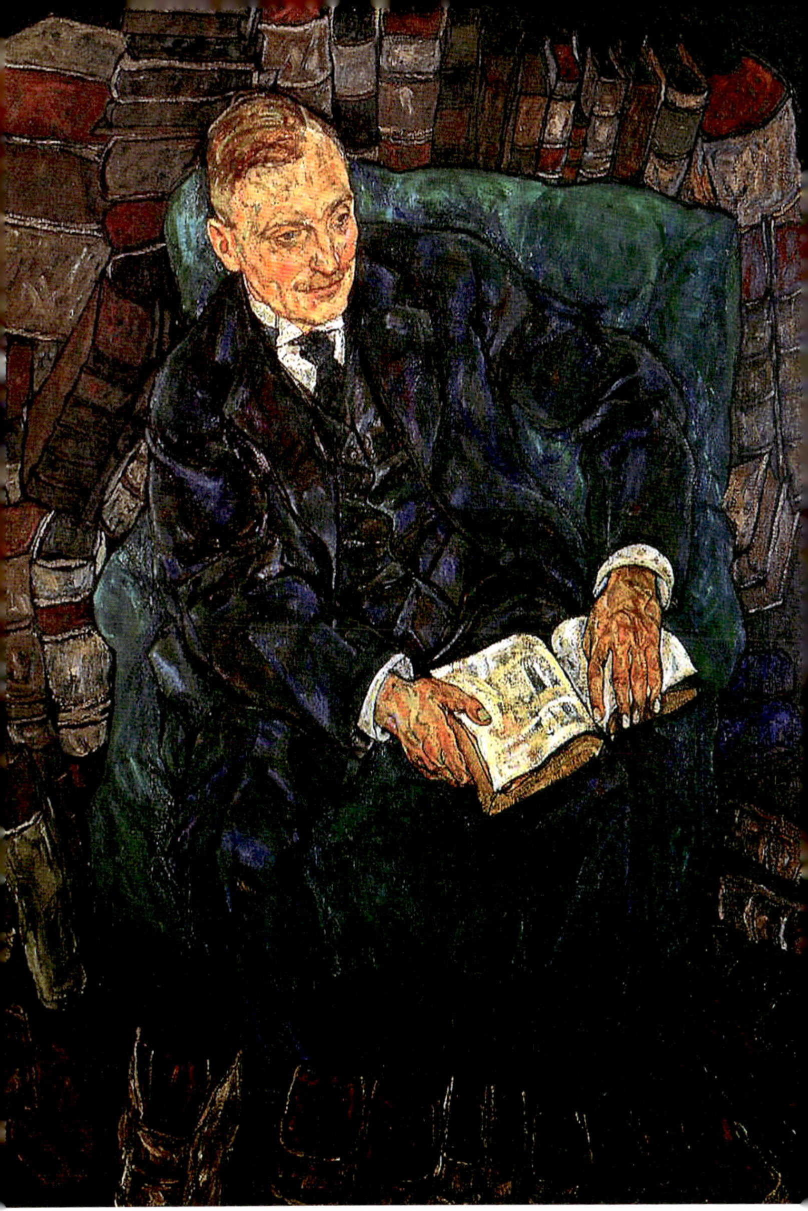

Bildnis Dr. Hugo Koller, 1918, Öl auf Leinwand, 140,3 × 109,6 cm

Kuraufenthalt kehrt das Ehepaar Schiele Ende des Monats noch einmal dorthin zurück. Egon Schiele soll dort die künstlerisch begabte, gerade 20-jährige Tochter Silvia Koller (1898–1963) unterrichten, die bereits als Schülerin von Koloman Moser an der Werkkunstschule gearbeitet hat.

Schiele, der sich mit dem Gedanken trägt, in seinem ehemaligen Atelier an der Hitzinger Hauptstraße eine Kunstschule zu eröffnen und zuvor wohl ab und an schon einige andere Schüler betreut hat, versteht seinen Unterricht eher als ein kollegiales Miteinander auf Augenhöhe. Gemeinsam arbeiten die beiden vor der Natur und zeichnen hauptsächlich Blumen. Schiele legt seiner Schülerin, wie diese schriftlich festgehalten hat, das Naturstudium als Quelle künstlerischer Inspiration ganz besonders an Herz. Im nächsten Schritt geht es aber um die eigene Perspektive: „Sie müssen sich eine Sehweise schaffen, dann geht alles“, sagt er ihr.

Zurück in Wien stürzt sich Schiele auf die Vorbereitungen einer neuen Ausstellung für den Nassauischen Kunstverein in Wiesbaden. Mehr und mehr wird er als Organisator und Kurator gefragt und als wichtigste künstlerische Instanz in Österreich wahrgenommen. Anfang September bemüht er sich noch einmal um eine Einigung der Künstler, die für die Moderne und den künstlerischen Neuanfang in

---

Während des Aufenthalts in Oberwaltersdorf aquarelliert Schiele einige Blätter mit Keramiken aus der umfangreichen Sammlung seiner Gastgeber, dem Ehepaar Koller. Zu dieser Zeit entwickeln viele Künstler, besonders aus dem Umfeld des Blauen Reiters, ein besonderes Interesse an Formen und Farben kunsthandwerklicher Objekte.

Bemalte Bauernkrüge, 1918, Gouache, Aquarell und Kohle auf Papier, 43,2 × 29,2 cm

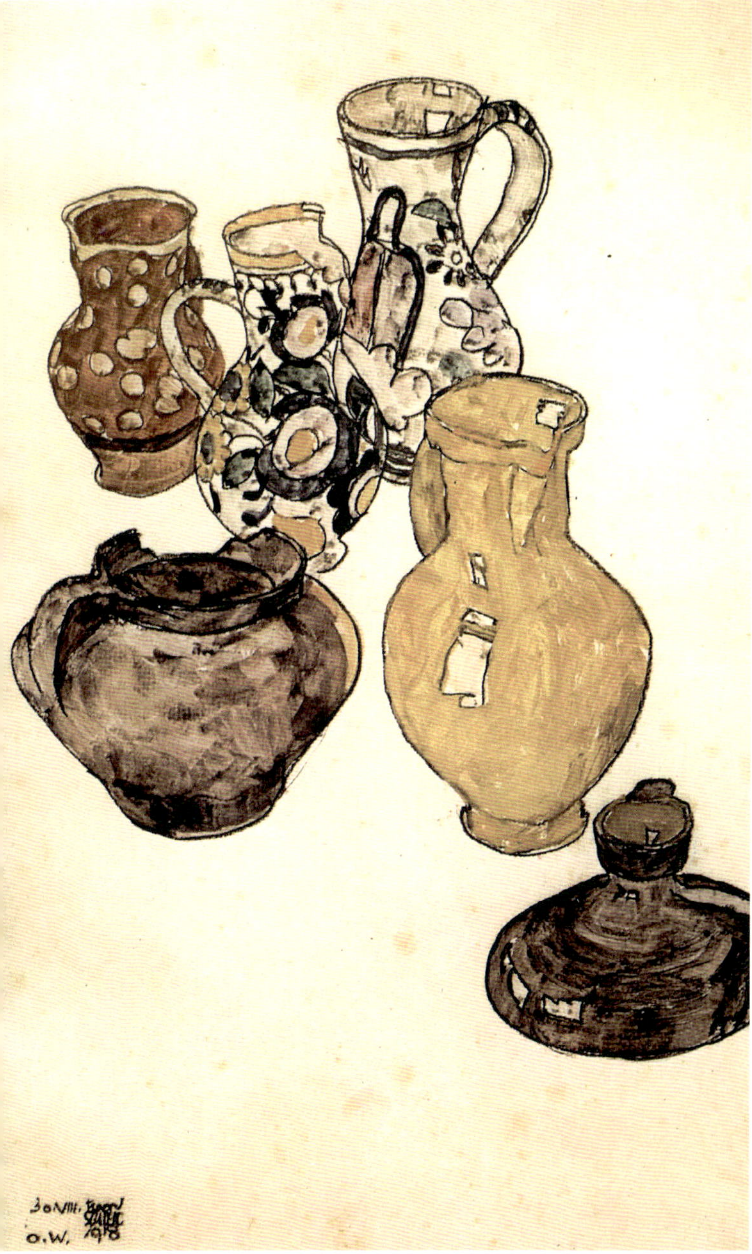
30.VIII.
O.W.
1918

Österreich nach Kriegsende stehen sollen. In Erinnerung an die große **Sonderbund-Ausstellung*** in Köln im Jahr 1912 gibt sich die neue Gruppierung den Namen Sonderbund österreichischer Künstler. Um neuerliche Streitigkeiten möglichst zu vermeiden, wird dieses Mal der Kunsthändler Gustav Nebehay zum Geschäftsführer gewählt. Dennoch lasten viele kunstpolitische und organisatorische Aufgaben auf Schieles Schultern, die mit seinen militärischen Dienstpflichten kaum vereinbar sind. Als er schließlich im Oktober 1918 noch einmal zur Musterung der Kriegstauglichkeit antreten soll, beklagt er sich bitterlich: „Schon die Barackenluft mit ihren Kanzleien und Einwohnern allein setzt mich in Entsetzen und macht mich unfähig, auch nur das Geringste schaffen zu können." Seine Vorgesetzten scheinen auch dieses Mal in Schieles Sinne entschieden zu haben, denn nach dem 7. Oktober empfängt er im Atelier täglich Besuche von Modellen und arbeitet ein letztes Mal in höchster Konzentration.

DIE KATASTROPHE

Die Versorgungslage in Wien verschlechtert sich gegen Ende des Krieges täglich. Die Kohlen werden knapp. Schiele, der es versäumt hat, sich rechtzeitig einen Vorrat anzulegen, bittet den Schwager, ihm und Edith auszuhelfen. Außerdem erreicht die Spanische Grippe, eine gefährliche Form der Influenza, Wien. Die Pandemie ist im Frühjahr 1918 erstmals aufgetreten und bricht nun weltweit mit

---

* *Die* **SONDERBUND-AUSSTELLUNG** *(Internationale Kunstausstellung des Sonderbundes westdeutscher Kunstfreunde und Künstler) zeigt 1912 in Köln über 650 Werke meist zeitgenössischer internationaler Künstlerinnen und Künstler. Spektakulär ist eine Zusammenstellung von über 100 Werken Vincent van Goghs sowie weiterer Arbeiten von Paul Gauguin und Paul Cézanne. Auch Pablo Picasso, Edvard Munch, Paul Signac oder Henri Matisse sind mit wichtigen Werken vertreten. Zu den Organisatoren der großartigen Leistungsschau der Moderne gehörte unter anderen August Macke.*

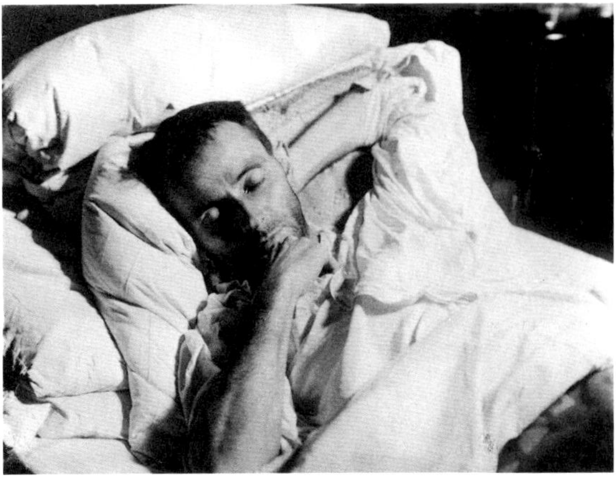

Egon Schiele auf dem Totenbett am 31.10.1918, Fotografie von Martha Fein

enormer Aggressivität aus. Sie fordert mehr Todesopfer als der Erste Weltkrieg.

Ungewöhnlich viele Menschen im Alter zwischen 20 und 40 Jahren sterben im Herbst 1918 an der mit schweren Lungenentzündungen einhergehenden Viruserkrankung. Als Edith Schiele am 19. Oktober erste Anzeichen der Krankheit zeigt, ist die Prognose schlecht, denn als Schwangere hat sie ohnehin geringere Abwehrkräfte. Schiele sagt alle Termine ab, versäumt sogar die Beerdigung des wenige Tage zuvor verstorbenen Koloman Moser. Nur die Arbeit mit den Modellen setzt er fort. Der Zustand seiner Frau verschlechtert sich rapide. Ihre Schwester Adele kommt, um bei der Pflege der Kranken behilflich zu sein. In Wien lassen sich kaum noch Medikamente oder ausreichend Lebensmittel besorgen. Broncia Koller schickt aus Oberwaltersdorf Milch und andere Nahrungsmittel in die Wattmanngasse. Das alles kann Edith nicht mehr retten. Sie stirbt am 28. Oktober um acht Uhr morgens. Schiele, bereits selbst erkrankt und stark abgemagert, wird eilends in die Wohnung seiner Schwiegereltern gebracht. Aber auch für ihn kommt alle Hilfe zu spät. Er stirbt am 31. Oktober, am Tag der Beerdigung seiner Frau, um ein Uhr nachts. Die Beisetzung findet am 3. November unter großer Anteilnahme der Öffentlichkeit auf dem Ober Sankt Veiter Friedhof in Hitzing am Rande des Lainzer Tiergartens statt.

„Alles ist lebend tot"

„Er hat die fahlen Farben der Verwesung in Menschengesichtern mit edelsteinkalten Augen gesehen, den Tod unter der Haut […]", schreibt Arthur Roessler 1911 in einem Beitrag über den Künstler für die Zeitschrift *Bildende Künstler*. Die Ambivalenz und innere Verbindung zwischen Werden und Vergehen, zwischen Eros und Tod steht von Anfang an und bis zum Schluss im Mittelpunkt von Schieles künstlerischem Werk. Das zeigen seine hochfragilen, trotz ihres jugendlichen Alters körperlich bereits gebrochen wirkenden Akte oder die höchst provozierend herausgestellte Erektion des aschfahlen Mannes in Grau. Selbst der Beginn des Lebens ist mit dem Tod eng verbunden – so stehen sich auch in den meisten seiner Mutter-Kind-Darstellungen Geburt und Tod unmittelbar und doch metaphorisch als Bild für den Niedergang des Alten vor der Kraft des keimenden Neuen gegenüber. Liebespaare erscheinen in der Bildwelt Schieles oftmals wie eingemauert in eine Gruft, oder einer der Partner erweist sich auf den zweiten Blick in erschreckender Weise als unbelebte Puppe. Schließlich porträtiert sich der Künstler als „Selbstseher" in enger Umarmung mit einem personifizierten Tod. In einer modernen Welt, die zunehmend ohne Erlösungsvorstellungen und Jenseitsglauben auskommen muss, haben auch andere Künstler, etwa Auguste Rodin oder Edvard Munch, der menschlichen Einsamkeit im Angesicht des Todes ein Gesicht

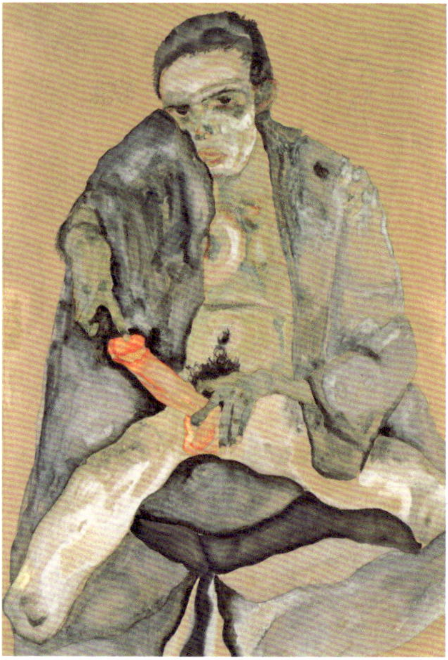

Eros, 1911, Gouache, Aquarell und schwarze Kreide auf Papier, 55,9 × 45,7 cm

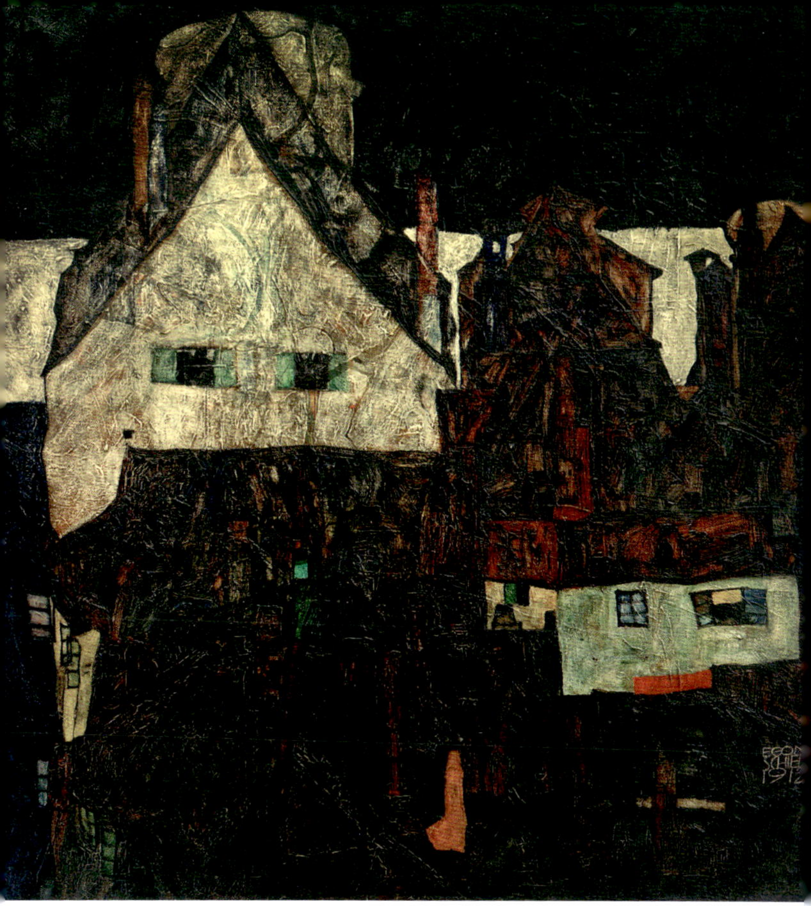

Tote Stadt, 1912, Bleistift, Deckfarben
und Öl auf Leinwand, 80 × 80 cm

gegeben. Und sie haben, ebenso wie Sigmund Freud in seiner 1920 formulierten Theorie des Todestriebes, Eros und Thanatos als die zwei zentralen, mächtigen und durchaus Angst einflößenden Antriebskräfte des Menschen identifiziert.

Selbst Stadtansichten und Landschaften verwandelt Schiele in Reflexionen über Tod und Untergang. Ausgehend von der Naturbeobachtung interessiert ihn dabei der Prozess der inneren Aufladung und Anreicherung seiner Bildmotive: „[...] ich finde und weiß, daß das

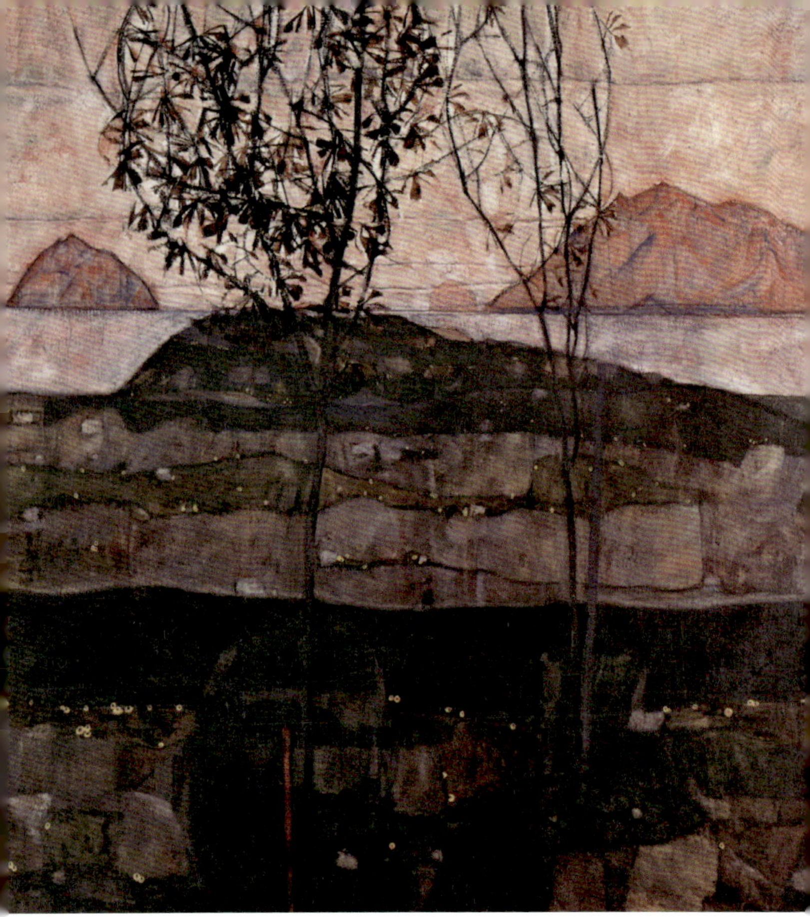

Versinkende Sonne, 1913, Schwarze Kreide, Deckfarben und Öl auf Leinwand, 90 × 90,5 cm

Abzeichnen nach der Natur für mich bedeutungslos ist, weil ich besser Bilder nach Erinnerungen male, als Visionen von der Landschaft [...] Innigst und mit dem Wesen und Herz empfindet man einen herbstlichen Baum im Sommer; die Wehmut möchte ich malen", schreibt er 1913 an den Sammler Franz Hauer. Es ist besonders tragisch, dass sich Schieles intensive Betrachtungen über die enge Verzahnung von Leben und Tod in seinem eigenen Schicksal zu spiegeln scheinen.

Jetzt seh ich die schwarze Stadt wieder, | die immer gleich geblieben ist, | in ihr gehen die Stubenhockerhäusler wie immer, | – die Armen –, | so arme, | das rauschrote Herbstlaub riecht ihnen gleich. – | Wie wohl ist aber der Herbst in diesem Windwinterland!

Egon Schiele

Konzeption der kleinen Reihe
Martina Padberg

Redaktion
Doris Hansmann

Lektorat
Barbara Delius

Gestaltung und Satz
Christian Padberg

Printed in Germany

Erschienen im
Wienand Verlag
www.wienand-verlag.de
Weyertal 59, 50937 Köln

ISBN 978-3-86832-374-0

Bibliografische Information der Deutschen Nationalbibliothek

Die Deutsche Nationalbibliothek verzeichnet diese Publikation in der Deutschen Nationalbibliografie; detaillierte bibliografische Daten sind im Internet über http://dnb.de abrufbar.

Umschlagabbildungen

Einband und Vorsatz: *Selbstbildnis mit chinesischen Laternenfrüchten* (Detail), 1912; Hinterer Vorsatz: *Bildnis Wally Neuzil,* 1912

Fotonachweis

© akg-images: S. 12, 14, 26/27, 28, 32, 33, 40, 55, 74/75, 76, 77, 81, 82/83, 84, 85, 86, 93, Einband und Vorsatz; akg-images/Imagno/k.A.: S. 8, 49; akg-images/Imagno: S. 13; akg-images/IMAGNO/ÖNB: S. 25; Hervé Champollion/akg-images: S. 29 unten; akg-images/Imagno/Egon Schiele: S. 35; www. erleben.tulln.at/schiele_weg_bahnhof/: S. 10; akg-images/Joseph Martin: S. 41; Albertina, Wien: S. 43, 51, 52; Mumok © Bildrecht, Wien 2017: S. 62; Landessammlungen Niederösterreich, St. Pölten: S. 68; IMAGNO/PictureDesk: S. 91

Alle anderen Abbildungen stammen aus dem Archiv des Wienand Verlags

Trotz intensiver Recherchen war es nicht in allen Fällen möglich, die Rechteinhaber der Abbildungen ausfindig zu machen. Berechtigte Ansprüche werden selbstverständlich im Rahmen der üblichen Vereinbarungen abgegolten.

Wienand-Publikationen werden weltweit in führenden Buchhandlungen und Museumsshops angeboten (Vertrieb in Europa, Asien, Nord- und Südamerika).